Richard Wagner

Jesus von Nazareth

ein dichterischer Entwurf aus dem Jahre 1848

Richard Wagner

Jesus von Nazareth
ein dichterischer Entwurf aus dem Jahre 1848

ISBN/EAN: 9783743647244

Hergestellt in Europa, USA, Kanada, Australien, Japan

Cover: Foto ©ninafisch / pixelio.de

Weitere Bücher finden Sie auf **www.hansebooks.com**

Jesus von Nazareth.

Ein dichterischer Entwurf

Aus dem Jahre 1848

von

Richard Wagner.

Leipzig

Druck und Verlag von Breitkopf & Härtel.

1887.

Jesus von Nazareth.

I.

Akt I. (Tiberias in Galiläa. — Ein überdeckter weiter Raum — gleich einem grossen Schuppen — nach hinten ganz offen auf das Freie ausgehend: zur Seite führt es in das Innere des Wohnhauses des Zöllners Levi (Matthäus?). Nacht. —)

Judas Ischarioth und Barrabas kommen im Gespräch. Barrabas beabsichtigt einen Aufstand in Judäa gegen das römische Joch: die römische Kriegsmacht sei zu dieser Zeit ausserordentlich schwach, der Erfolg gewiss, wenn es gelänge, das Volk zu einer entscheidenden Erhebung zu drängen: nun wäre in Jerusalem alles voll von dem Sohne Davids, der sich in Galiläa kundgegeben; man erwarte sich in ihm den Messias. Barrabas komme nun sich davon zu überzeugen, was von Jesus zu erwarten sei. Judas giebt Auskunft von Jesus' Wirken und Wandeln; von seiner Heilkunst und von dem (Barrabas ist im Einverständniss mit Maria von Magdala.)

1

Apostel:

Simon ⎫
Andreas ⎭ Br.
Jacobus ⎫
Johannes ⎭ Br.
Philippus.
Bartholomäus.
Thomas.
Matthäus.
(Levi).
Jacobus
(Alph. Sohn).
Lebbäus
(Thaddäus).
Simon von Kana.
Judas (Ischarioth).
Jesus' Brüder:
Jacob und Joses.

grossen Anhange, den er im Volke gewonnen habe: er selbst nenne sich den Erlöser, noch habe er (Judas) aber nicht Klarheit darüber erlangen können, wie Jesus seinen Beruf zu erfüllen gedenke: herzlich wünsche auch er, dass Jesus die Zügel des Volkes ergreifen möge, um als König der Juden frei und offen die Errettung des auserwählten Volkes zu bewirken. — Der Zöllner Levi, da er vernommen, dass Jesus in der Nähe von Tiberias sich aufhalte, habe nach ihm gesandt, um sein dem Tode nahes Töchterchen zu retten; Judas sei nun dem Nahenden vorausgesandt, um seine Ankunft zu melden. — Judas pocht an der Thür, — der Zöllner tritt jammernd heraus: »sein Kind sei soeben verschieden.« — Laute Klage erhebt sich im Hause: Frauen bringen auf einer Bahre das 12jährige Mädchen heraus; Nachbarn stellen sich ein. Mit anbrechendem Tage erscheint Jesus mit den Jüngern und tritt dem Trauerzuge entgegen: man ruft ihm zu: »Meister, du kommst zu spät; das Kind begraben wir jetzt.« Jesus betrachtet das Kind genau —: »begrabt die Todten, doch nicht die Lebendigen: diese schläft.« — Schrecken und Verwunderung: Jesus legt der Scheintodten seine Hände auf die Schläfe, und spricht dann: »deine Tochter ist von schwerer Krankheit genesen: bringt sie in das Haus und pfleget sie wohl.« Er folgt ihnen in das Haus. — Volk ist von aussen neugierig hinzugedrungen: es verbreitet sich die Kunde, Jesus von Nazareth sei eingetroffen, — er habe eine Todte erweckt; — die Jünger wehren dem Aufruhr, — viele eilen fort, es in der Stadt zu verbreiten. — Jesus tritt wieder aus dem Hause, — der Zöllner hält ihn beim Kleide fest, schluchzend und ausser sich wirft er sich ihm zu Füssen: »Herr, wie habe ich deine Gnade verdient: mein Kind lebt, du hast es vom Tode erweckt.« Jesus: »was lebte, habe ich dem Leben erhalten: öffne dein Herz, dass ich dich vom Tode erwecke!« Der Zöllner: »was soll ich thun, Herr, dass ich dir gefalle?« Jesus: »höre meine Lehre und befolge sie.« — Der Zöllner bittet Jesus mit den Jüngern zu verweilen und ein Frühmahl bei ihm einzunehmen: Jesus nimmt es an. Seine Jünger berichten ihm, — er vermahnt sie. —

Ein Pharisäer tritt auf: er macht Jesus Vorwürfe über seinen vertrauten Umgang mit Zöllnern und Sündern. Abfertigung wegen der Fasten: ihr möget die Hochzeitleute nicht zum Fasten treiben, so lange der Bräutigam bei ihnen ist. Es wird aber die Zeit kommen, da der Bräutigam von ihnen genommen ist, dann werden sie fasten. (Der Bräutigam: das Leben.) (Über den Sabath und das Gesetz.)

Barrabas sucht Jesus zu erforschen. (Der Kaiserzins.) Enttäuschung des Barrabas. Aufruhr auf der Strasse: man schleppt eine Ehebrecherin herbei, um sie zu steinigen: andere verlangen, man solle sie vor Jesus stellen: der Pharisäer entscheidet für die Letzteren, um Jesus zu versuchen: Maria Magdalena wird hereingebracht, das Volk dringt mit ihr herein; Alles berichtet wild durcheinander

(Dies kann in Folge eines Aufruhrs gegen Herodes, als voreiliger Versuch zur Verjagung der Griechen gelten. — Maria hatte den ganzen Zorn ihrer Stammesgenossen wegen ihres Umganges mit den syrischen Griechen auf sich geladen.)

von dem ärgerlichen hochmütigen Wandel und von dem Verbrechen Maria's, die mit einem Grossen von Herodes' Hofe zur Schmach der Juden, denen sie angehöre, in einem sündigen Verhältnisse gelebt habe. (Freisprechung: — Alles zieht sich beschämt zurück. — Jesus mit Maria allein. —) — (Joh. VIII.)

Das Mahl wird bereitet: — die Jünger, Verwandte des Zöllners und Leute aus dem Volk nehmen daran

Theil; Jesus entwickelt seine Lehre von der Liebe.
Beseligender Eindruck auf Alle. Das Volk hält den
Raum und die Strassen dicht gedrängt besetzt. Jesus
wird benachrichtigt, seine Mutter und seine Brüder
suchten ihn und könnten nicht herzu, er möchte das
Volk weichen lassen. Jesus: »Dies ist meine Mutter,
dies sind meine Brüder.« —

Akt II. Am See Genezareth: Fischerhütten ziehen
sich an ihm hin. Tagesanbruch. Jesus unter einem
Baume schlafend: Maria von Magdala zu seinen
Füssen knieend und den Saum seines Gewandes
küssend, spricht ihre tiefe Reue und beseligende
Liebe zu ihrem Erlöser aus. — Maria, die Mutter,
tritt hinzu: die Magdalena wendet sich erschrocken
ab und stürzt zu Füssen der Mutter, welche sie er-
forscht: der Magdalena Bekenntniss: sie hat ihr ganzes Eigen verkauft und den Gewinn Judas Ischarioth,
dem Säckelführer der Gemeinde Jesus', übergeben:
sie fleht die Mutter an, sich beim Sohne für sie zu
verwenden, denn sie begehre, als die niederste Magd
der Gemeine dienen zu dürfen. Maria tröstet und
entlässt sie.

Jesus erwacht und richtet sich unter dem Baume
sitzend auf. Gespräch mit seiner Mutter: sie erkennt
seinen Beruf und unterwirft sich ihm: nur ihre Sorge
für sein Leben kann sie nicht ganz unterdrücken.

Wir erfahren, dass Jesus schnell von Tiberias ent-
wichen, da das Volk ihn habe zum König machen
wollen. Jesus über seine Jugend, seine Taufe durch
Johannes, seinen Aufenthalt in der Wüste; dort ward
ihm seine Aufgabe klar, er erfasste sie nicht als
Davids Abkomme, sondern als Gottes Sohn. Sein
ärztliches Auftreten in Galiläa, sein Ziel. — Die Mutter
neigt sich ihm voll Demuth und Liebe. Bericht über
Magdalena; Jesus' über seinen unvermälten Stand.
— Jesus' Brüder, — Joseph's des Zimmermann's
Söhne —, treten hinzu. Sie sind neidisch auf Jesus,
dem die Mutter ihre Liebe ausschliesslich zuwendet.
Sie fordern Jesus auf, laut und in Jerusalem zu be-
zeugen, welches seine Sendung sei, nicht aber vor
dem Volke zu fliehen, das seinen Wünschen ja doch
nur entgegenkäme. Jesus' Schmerz über das Unver-
ständniss seiner Lehren; »Mutter, warum zeugtest du
diese?« etc. (seine Geburt.) —

Von den Fischerhütten her nahen Jünger: Johannes führt seinen alten Vater und zeigt ihm Jesus.
Simon (Petrus) bringt Nachricht von herbeiziehendem
Volke. Jesus zu seinen Jüngern über sein Vorhaben
und baldigen Opfertod: sie verstehen ihn nicht und
hoffen, er wolle zu Jerusalem das Amt des Messias
feierlich antreten. Streit über die Bevorzugung durch
Jesus. Judas drängt ihn zur Eile: er gedenkt des

Barrabas, der, nachdem er Jesus aufgegeben, nach Jerusalem geeilt sei, um die günstige Zeit der Schwäche der Römer zu benutzen. — Neue Boten berichten den Anzug unzähligen Volkes, das ihn zum König machen wolle: Jesus befiehlt, ein Schiff auszurüsten für ihn und die Jünger, um auf dem Wege nach Jerusalem dem Volke zu entfliehen. Auf einem Maulthier mit Dienern kommt ein vornehmer Jüngling: er bietet sich Jesus an; dieser fragt ihn aus: der Jüngling beruft sich auf seinen strengen Wandel nach den Geboten. Auf die Forderung, all sein Eigen zu verkaufen und es der Gemeinde zu geben, — tritt er beschämt zurück und geht mit Maulthier und Dienern traurig von dannen. Judas: »Herr, bedenke, er ist sehr reich!« Jesus: »wahrlich, ich sage euch etc.; über die Reichen. — Volkszüge treffen ein: — Jesus wendet sich nach dem Schiff, empfiehlt die Frauen den älteren der Jünger und steigt mit den Seinigen ein. Während diese das Segelwerk zurecht machen, mehrt sich der Haufe des Volkes: Alles schreit nach Jesus und bestürmt ihn zu bleiben: sie wollen das Schiff festhalten, Simon wehrt dem Volke. Da ruft Jesus zu, die Segel noch einzuhalten: ihn jammert der Anblick des unglücklichen Volkes in tiefster Seele, er will sie nicht ohne Trost verlassen. Er befiehlt ihnen, sich am Strande zu lagern und

ihm ruhig zu hören. (Maria Magdalena, Maria die
Mutter und Frauen vertheilen Brod und Wein unter
die Menge.) Jesus, im Schiffe stehend, lehret das
Volk. Trost und Seligsprechung: vom Himmelreich
im Menschen; seine Sendung zu ihnen als Arzt,
als Lehrer: seine Gemeindeanordnungen. Über das
Ärgerniss: die bevorstehenden Kämpfe: »ich bin nicht
gekommen« etc. Er deutet seinen Erlösungstod an
und seine Wiederkunft zur Befreiung der Menschen.
— Zurufe des tiefergriffenen Volkes. Auf Jesus'
Wink wird das Schiff flott gemacht. — Abschied.
Das Volk bricht auf, um ihm nach Jerusalem nach-
zuziehen.

Akt III. Jerusalem: Halle im Gerichtshause.
— Pilatus und Kaiphas, gefolgt von Vornehmen
und Pharisäern, treten aus einer Pforte. — Es ist
Rathssitzung gewesen. — Ein von Barrabas ver-
suchter Aufstand ist mit leichter Mühe im Keime er-
stickt worden: der leidenschaftliche Patriot hatte auf
allgemeine Theilnahme des Volkes gerechnet, dieses
aber, von Jesus Rufe (als dem wirklichen Messias,
der das jüdische Volk zur Weltherrschaft führen
solle) erfüllt, hat ihn theilnahmlos im Stiche gelassen: so wurden Barrabas' wenige Anhänger von
der geringen römischen Kriegsmannschaft mit leichter
Mühe zerstreut, er selbst gefangen genommen und

verurtheilt. Pilatus' ist der aufrührerische Sinn des
jüdischen Volkes genau bekannt: er hat nach Ägypten
und Syrien um Truppen geschrieben; bis zu deren
noch immer verzögerter Ankunft sieht er sich, um
seinen Platz zu behaupten, zur klügsten Benutzung
der Uneinigkeit der Parteien selbst genöthigt, um
eine gemeinsame Erhebung, der er nicht gewachsen
sein würde, zu verhüten. Er misstraut dem Herodes
und ist daher betroffen, als er von Volksbewegungen
in Galiläa hört, von denen er vermuthet, dass sie
von Herodes gegen die Römer angeregt seien oder
benützt würden. Er vermahnt Kaiphas zur Wachsam-
keit und droht mit dem Zorne des Kaisers: er hält
ihm vor, wie ungestört sie ihrer Verfassung, ihrem
Glauben und ihren Gebräuchen leben dürften unter
dem Kaiser, während die griechischen Fürsten zur
Zeit ihrer Macht sie darin empfindlich gekränkt und
zur Annahme ihrer Sitten u. s. w. zu zwingen versucht hätten. — Er verlässt sie mit seinen römischen
Begleitern. Kaiphas und die Ältesten äussern
ihre Besorgniss vor neuen Unruhen: das ganze Volk
sei aus der Stadt geströmt, um dem Nazarener entgegen zu ziehen. Dieses scheint ihnen der gefähr-
lichste Volksverführer zu sein, wie die Berichte über
ihn besagten; der Pharisäer aus Tiberias gibt Zeugniss von seinen dem Gesetze gefährlichen Lehren; —

das Volk aber hänge mit dem festen Glauben an ihm, er sei der Messias. Man spottet über den Galiläer: jedoch soll er von David stammen und (wie es die Schrift verlangt) in Bethlehem geboren sein. Einige schwanken, ob man sich ihm nicht vertrauen solle u. s. w. Kaiphas weist sie zurück: was hätten sie mit dem Volke gemein? Fehle es ihnen an etwas? würden ihre Gesetze von den Römern nicht umberührt gelassen? hätten sie nicht das Volk in ihren Händen durch diese Gesetze? Solange der Tempel und das Gesetz stehe, seien sie die Herren des Volkes, und den Zins an den Kaiser könnten sie sich leicht gefallen lassen, da er doch vom Volke genommen würde und sie nicht drücke. Zu was also eine Veränderung, die uns gar keinen Vortheil bieten könnte? — Volksjubel von aussen. — Berichte über Jesus' Einzug durch das Thor. — Kaiphas: lasst uns auf der Hut sein, suchen wir ihn zu verderben, damit das Volk nicht verderbe. Der Pharisäer aus Tiberias: mit offener Gewalt würden sie nichts gegen ihn ausrichten, doch kenne er einen seiner Jünger, Judas, von dem er hoffe, er würde ihnen an Jesus helfen können. — Lasst uns ihm wehren und dem Volke seine Thorheit zeigen. — (ab.)

Platz vor der grossen Tempeltreppe. Volk in lebendigster Bewegung wogt auf und ab. Die

breite Haupttreppe und die Querhalle des Tempels
sind mit allerhand Verkäufern, wie auf einem Markte,
besetzt. — Das Volk fragt und berichtet über die
Ankunft Jesus', des Messias, des Sohnes Davids, des
Königs der Juden: Musik und Jubel nähert sich der
Scene. Das Volk breitet Teppiche und Kleider aus,
streut Blumen u. s. w. — Jesus' Einzug: er reitet
auf einem Maulesel, seine Jünger folgen ihm zunächst:
Volk mit Palmen, tanzende Mädchen u. s. w. Vor
der Treppe steigt Jesus ab: er hält beim Anblicke
des Marktes auf der Treppe und in der Tempelhalle
an: seine Strafrede gegen die Tempelschänder, er
reisst das Zaumwerk vom Maulthiere und treibt mit
Schlägen die Verkäufer von der Treppe, die andren
fliehen aus der Halle über die Seitentreppen. Das
Volk jubelt seinem gewaltsamen Auftreten zu. —
Pharisäer und Älteste nahen sich der Treppe, auf
welcher Jesus, dem Volke zugewandt, steht. »Wer
ist der?« — Volk: »Jesus, der Gesalbte des Herren,
der König« u. s. w. Sie treten entrüstet auf Jesus
zu: »wer ihm hier Gewalt gegeben habe?« u. s. w.
Jesus' donnernde Rede gegen die Pharisäer und das
Gesetz, gegen Druck und Ungerechtigkeit. — Auf-
regung der Pharisäer gegen ihn, Verspottung: »gieb
uns Zeichen!« (etc.) Das Volk fordert Jesus auf,
sich offen als Messias zu bekennen, — Judas drängt

ihn heimlich. — Jesus verkündigt seine wahre
Sendung, seine Eigenschaft als Gottes Sohn, die
Erlösung aller Völker der Erde durch ihn, nicht der
Juden allein: sein Reich (als kein irdisches Macht-
reich), sein Opfer, seine Verklärung; Weissagung
(Off. Joh. cap. 18) des Endes Jerusalem's und des
Tempels. — Das entsetzte Volk, von den Pharisäern
gehetzt und aufgereizt, geräth in höchste Verwirrung.
Im Tumult ist Jesus verschwunden, die Jünger (selbst
betroffen) suchen das Volk zu belehren: die Pharisäer:
»euch kennen wir auch!« Bei
heranbrechender Dämmerung
zerstreut sich allmälig das
Volk in grösster Verwirrung:
— der Pharisäer aus Tiberias
nimmt Judas beiseit, er verspricht ihm, ihn in der Nacht
aufzusuchen. — (Maria Magda-
lena hat Judas beobachtet und belauscht.) Mit zu-
nehmender Dunkelheit wird der Platz immer leerer:
die Jünger vereinzelt, in höchster Betrübniss, suchen
nach Jesus: — Maria Magdalena bedeutet sie, ihn
nicht fern zu suchen, sie habe ihn in den Tempel
schreiten sehen. Sie eilen auf die Treppe, — Jesus
tritt aus dem Tempel und überschaut den leer-
gewordenen Platz: »wollt ihr mich auch verlassen?«

(Die Pharisäer wollen
Jesus in den Tempel
verfolgen: man hält sie
zurück, noch könne man
dem Volk nicht trauen,
es sei nur im Zweifel,
der sich schnell wieder
verwischen könnte.)

— Petrus: »Herr, wir verlassen dich nicht!« etc.
»Wo werden wir das Abendmahl nehmen?« — Magdalena: »Herr, lass mich euch geleiten, ich besorgte
ein stilles Haus für euch.« — Sie folgen ihr. —
Akt IV. — Ein Zimmer mit dem zum Abend-
mahl zubereiteten Tisch. — Jesus hat sich an der Spitze
des Tisches niedergesetzt und sein Haupt gedanken-
voll auf die Hand gelehnt. Die Jünger stehen auf
der andren Seite in einzelnen Gruppen: sie besprechen
sich in Bangigkeit und Besorgniss; Judas lässt seinen
Ärger merken, dass Jesus nicht mit wirklichen Zeichen
hervorgetreten sei und seine höchste Macht bekundet
habe: es wird ihm verwiesen; er hofft, Jesus ver-
spare sich seine göttliche Kundgebung für die äusserste Gefahr. — Magdalena ist schüchtern zu Jesus
getreten und flüstert ihm zu: »Herr, ist es dein Wille,
was Judas sinnt?« Jesus weiset sie ruhig mit der
Hand ab. Maria neigt sich zur Seite und weint
heftig. — Die Jünger fahren fort, wenden sich um und
beobachten Jesus. — Maria nimmt ein kostbares
Fläschchen aus ihrem Busen, naht Jesus wieder,
giesst es auf seinen Scheitel, wäscht ihm die Füsse,
trocknet und salbt sie ihm unter Schluchzen und
Weinen. — Judas: »Welch' köstlicher Geruch?« —
Seine Vorwürfe gegen Maria: Zurechtweisung von
Jesus. Er dankt Maria und entlässt sie. Sie setzen

sich zum Nachtmahle: Jesus nimmt die Mitte ein. Er
bereitet die Jünger auf die Wichtigkeit dieses letzten
Zusammenseins vor. Johannes fragt ihn besorgt, und
heimlich, ob ihm Gefahr drohe? — Vorfall mit Judas.
— Judas verlässt den Tisch und das Gemach. —
Jesus: »nun bin ich verklärt.« — Vollendete Ent-
wicklung der Lehre von der Liebe: vom Glauben,
als der nährenden Milch seiner Lehre, und der Erkenntniss, dem Brode des Lebens. Austheilung des
Abendmahles. (Alles liegt Jesus daran, dass mindestens
seine Jünger ihn nun innig verstehen lernten: dies
soll durch seinen Opfertod geschehen, nach welchem
der heilige Geist ihnen gesendet werden solle. —

(Ev. Joh.) Verkündigung der
Zukunft und Wiederkehr. —
(»Dass ich ewig bei euch sei, muss ich jetzt von euch scheiden.«)
Petrus vermessen: (Jesus Ver-
warnung gegen den Eid!)
Weissagung von Petrus' Verläugnung seines Meisters.
— Nach Aufhebung des Mahles fordert Jesus die
Jünger auf, ihm aus der Stadt zu folgen, um die
Nacht unter freiem Himmel zuzubringen. Sie folgen
ihm. — Maria tritt zu einer Seitenthür herein: sie
bricht in lauten Jammer aus: doch hat sie Jesus und
seine erhabene Absicht verstanden: sie preist sich
selig, ihm gedient zu haben. — Kriegsknechte des
Hohenpriesters, unter ihnen Judas, dringen herein und

fragen nach dem Galiläer: — sie werfen Judas vor,
sie irre geleitet zu haben. Maria läugnet zu wissen,
wohin sie sich gewendet hätten. (Judas und Maria —).
Die Knechte drängen Judas fort, sie zu Jesus zu
führen, sonst solle er mit seinem Leben büssen: Judas
verspricht, ihn zu finden. Magdalena wird mit fortgeführt, um sie in Gewahrsam zu bringen, damit sie
Jesus nicht warne. —

Der Garten Gethsemane am Ölberg: der Bach
Kidron fliesst durch, über ihn führt ein Steg. —
Jesus gelangt mit den Jüngern an: ihn verlangt nach
einer kurzen Einsamkeit, — die Jünger möchten hier
zurückbleiben und wachen, dass sie nicht über-
fallen würden. Er geht langsam über den Steg und
verschwindet nach der hinten aufsteigenden Höhe zu.
— Die Jünger lagern sich: wehmüthige Stimmung,
Sorge um ihren Meister, — den sie, (wie sie nun wohl
begriffen haben), verlieren müssen. Tiefe Abgespannt-
heit Aller: — allmäliges Entschlummern. — Jesus
kommt langsam aus dem Hintergrunde wieder zurück:
er beobachtet die Schlafenden; innig gerührt verzeiht
er ihrer Schwachheit, denn er hofft, er weiss — bald
werde ihnen Stärke und Muth kommen. Plötzlich fällt
der grelle Schein eines nahen Lichtes auf Jesus:
Judas eilt auf ihn zu: »Meister, dich suchte ich lange«,
und küsst ihn: die Kriegsknechte stürzen ihm nach

auf die Scene. Die Jünger erwachen im höchsten
Schreck: Petrus zieht das Schwert und schlägt auf
den Kriegsknecht zu, der sich Jesus' bemächtigen will.
Die Knechte stürzen über die Jünger her. Jesus:
»stecke dein Schwert ein, Petrus!« Zu den Kriegern:
»seid ihr gekommen, mich zu fangen? hier bin ich,
— lasst jene frei.« Die Jünger sind nach allen Rich-
tungen entflohen, nur Petrus folgt Jesus und den
Kriegsknechten, welche diesen davonführen, von fern.

Akt V. Platz vor dem Palast des Pilatus: die Vor-
halle desselben, zu welcher mehre Stufen hinaufführen,
erstreckt sich bis in die Mitte der Bühne. (Nacht.) —
Römische Soldaten um ein Feuer in der Halle ge-
lagert: Wachen halten den Eingang zum Inneren des
Palastes besetzt. Dienerschaft und Mägde gehen ab
und zu: Petrus hat sich aussen auf den Stufen niedergesetzt. Er tritt näher, um zu horchen und bittet,
sich am Feuer wärmen zu können. Unterhaltung der
Soldaten über die Beschwerden des harten Dienstes;
mit so geringer Kriegsmacht unter einem stets auf-
rührerischen Volke! Kaum die Empörung des Barrabas gedämpft, so brächte der Galiläer neuen Aufruhr
hervor: — doch den hätten sie nun glücklich auch,
wie den Barrabas. Die Rotte, die mit Jesus gekommen sei, würde man auch noch finden: wehe
denen allen zusammen! Die Plackerei Tag und Nacht

solle an ihnen gerächt werden. Petrus fragt nach
Jesus. — »Er sei drin im Verhör beim Statthalter:
bald würden Kaiphas und die Ältesten wiederkommen,
um das Urtheil zu vernehmen. Ansichten über das
Verbrechen Jesus'; die Soldaten machen sich über
das ganze Judenvolk mit ihren verkehrten Sitten etc.
lustig: wenn erst die Legionen ankämen, würde man
hoffentlich wohl mit dem ganzen Neste kurz und
bündig verfahren. »Woher bist du denn, Freund?«
Petrus zaudert. Eine Magd ist ans Feuer getreten:
»das ist ja auch einer von den Galiläern« etc. Petrus
läugnet etc. — Als der Hahn kräht, öffnet sich die
innere Palastthüre und Jesus wird von zwei Soldaten
herausgeführt. Jesus ruft: »Petrus« (»Simon«) — der
blickt sich um, erschrickt bei Jesus' Anblick, verhüllt
sein Gesicht und stürzt über die Treppe hinab fort.
Die Soldaten fragen Jesus, — ob dies einer der
Seinigen gewesen? — Jesus schweigt. — Die Magd:
»ja wohl, sie habe ihn gekannt.« Einige wollen ihm
nach: andre halten sie lachend zurück: »lasst den
Erschrockenen! Ei, mit solchen Helden wolltest du
die Römer schlagen?« sie verspotten Jesus über sein
Königthum: — er schweigt. Jesus: »ich sage euch,
dieser wird ein Fels sein« etc. Der Tag ist ange-
brochen: Volksgruppen ziehen sich vor dem Palast
zusammen: Kaiphas, Priester und Pharisäer kommen

und halten vor den Stufen der Halle auf dem Platze:
sie bitten den Kriegshauptmann, Pilatus von ihrer Ankunft zu benachrichtigen und ihn herauszurufen.
»Warum sie nicht selbst hinein zu ihm gingen?« Es
sei drei Tage vor dem Paschafeste, in dieser Sabath-
zeit verböte ihnen ihr Gesetz in die Wohnung eines
Ungläubigen zu treten. Lächeln und Verwunderung
der Römer. Sie gehen hinein. Die Pharisäer be-
arbeiten das Volk, lenken seine Theilnahme auf
Barrabas, der doch kein Betrüger gewesen, und stim-
men es, da einer nach dem Herkommen ihnen zur
Osterzeit freigegeben werden müsse, nicht Jesus sondern Barrabas zu verlangen. Pilatus tritt aus der
Palastthüre in die Halle heraus: was sie verlangten
zu so früher Tageszeit?« »Die Verurtheilung des Jesus
von Nazareth.« Pilatus erklärt keine Schuld an ihm
ausfindig machen zu können: anfangs sei er ihm ver-
dächtig gewesen, mit Herodes im Einverständniss
das Volk gegen die Römer aufgewiegelt zu haben:
allein er ersehe, dass dem nicht so sei. Heftige Ein-
sprüche Kaiphas', und der Pharisäer: er habe sich
zum König der Juden aufwerfen wollen u. s. w. Ihr
Schreien wird so heftig, dass Pilatus vor allem Volke
in ein neues Verhör willigt: er setzt sich auf den
Richtstein an der Halle, lässt Jesus vor sich führen,
und verhört ihn. Klagen und Beschuldigungen des

Kaiphas etc.; Fragen des Pilatus, — Antwort en Jesus'.
— Als dieser bekennt, er sei Gottes Sohn, — zer-
reisst Kaiphas sein priesterliches Gewand, alles Volk
schreit: kreuzige ihn! — Pilatus erhält eine Botschaft
seiner Frau, die ihm sagen lässt: er solle Jesus nicht
verdammen, ein Weib (Maria Magdal. kann die Botschaft selbst bringen. — Jesus' Vorwurf an Magdal:
— sie bittet um Verzeihung.) habe sich zu ihr ge-
flüchtet und sie durch ihre Nachrichten überzeugt,
dass dieser Jesus ein Gerechter sei. — Demnach er-
öffnet Pilatus, er könne und würde Jesus nicht ver-
urtheilen! Übrigens habe er heute einen Verurtheilten
freizugeben, und er wähle Jesus. Alles schreit: Barrabas wollen wir haben! — Wachsender Aufruhr,
Drohungen: er sei des Kaisers Freund nicht! (Barrabas wird herausgeführt und dem Volke frei übergeben. Jubel.) Steigende Besorgniss des Pilatus.
(»Wäre die syrische Legion schon angekommen!«) —
Nachdem ihm auch der Versuch, die Hinrichtung zu
verzögern, mislungen, da die Juden behaupten, in den
nächsten Tagen, wenn nicht heute noch, dürften nach
ihrem Gesetz keine Hinrichtungen stattfinden, — lässt
er sich Wasser kommen, wäscht vor allem Volk
seine Hände, erklärt sich so unschuldig am Morde
eines Gerechten und übergiebt Jesus den Soldaten
zur Hinrichtung. Jubel des Volkes. Er geht hinein:

Jesus wird ihm nachgeführt. — Johannes tritt mit
Jesus' Mutter und Maria Magdal. aus dem Volke heraus:
er sucht sie zu bewegen, dass sie ihm von dannen
folge: — Maria weigert sich, sie will den Sohn zum
Tode geleiten. Jesus' Brüder finden Maria: sie sind
tief ergriffen. Petrus tritt zu ihnen: er ist im heftig-
sten, reuevollsten Schmerz über seine Verläugnung
Jesus': er klagt sich vor den Frauen an und will
sein grosses Verbrechen sühnen, indem er sich als
Mitschuldigen Jesus' angeben und mit ihm sterben
will. Maria hält ihn zurück — wilde Volkshaufen
bringen einen Holzbalken zum Kreuze geschleppt:
andre bringen einen Ketzer, Simon von Kyrene, der
solle das Holz tragen. Jesus wird wieder in die
Halle gebracht, er trägt einen Purpurmantel und eine
Dornenkrone: Pilatus folgt ihm und lässt ihn an die
Treppe vorführen: Hohngelächter des Volkes bei Jesus'
Anblick. Pilatus: »hier übergebe ich euch den,
dess' Tod ihr verlangt: sein Verbrechen hab' ich in
dieser Inschrift aufgezeichnet, die, zur Rechtfertigung
seines Todes, an dem Kreuze angeheftet werden soll.«
Alle: »Wie heisst die Inschrift?« Pilatus liest: »Dies
ist der Juden König.« Die Pharisäer: »nicht so! er
ist nicht der Juden König, — er giebt sich nur dafür aus! Schreibe: Dieser giebt sich für den König
der Juden aus.« Pilatus, grimmig und bitter: »was

ich geschrieben, hab' ich geschrieben!« Er wendet sich rasch, übergiebt die Inschrift dem römischen Hauptmann und heisst ihn schnell zum Richtplatz aufbrechen. (ab.) Die Kriegsknechte umgeben Jesus; an der Treppe hält dieser an. Das Volk ist unter dem Ruf: »auf, auf! zum Richtplatz!« vorangeeilt: die ruhigeren aus dem Volk sind allein zurückgeblieben, — Jesus erblickt seine Mutter: Abschied von ihr. Petrus stürzt auf die Treppe zu seinen Füssen und begehrt mit ihm zu sterben; Jesus: »du folgtest mir hierher, um mich zu verläugnen, jetzt bleibe zurück, um von mir zu zeugen. Suchet die verstreute Heerde zusammen und kündet ihnen dies letzte Wort!« — Anrede an die wehklagenden Weiber aus dem Volke. (Galiläer.) Letztes Wort zu den Jüngern, Ertheilung des Apostelamtes. — Er wird fortgeführt: die beiden Marien und Johannes folgen ihm. Petrus verhüllt sein Gesicht und sinkt an der Treppe schmerzlich zusammen. Wie der Platz immer leerer wird treten verzagt und von verschiedenen Seiten allmälig die Jünger auf: das äusserste Entsetzen liegt auf ihnen, — sie suchen Petrus. — Judas, bleich und entstellt tritt schüchtern auf: er sieht und erkennt Petrus, den er nach Jesus fragt: was er von ihm hoffe, da nun die äusserste Gefahr ihm bevorstehe? Petrus erräth die entsetzliche That des Judas und bricht in die schrecklichsten Vorwürfe aus. Er lehrt ihm, den Opfertod Jesus', den er eben erleide, zu verstehen: dieser Tod sei seine Verklärung und nicht das Wunderzeichen, das Judas von ihm erwartet habe. — Verfinsterung des Himmels — Gewitter. — Judas' Verzweiflung — Abscheu der Jünger vor ihm: Pharisäer treten auf und suchen Judas: — er wirft ihnen das Geld, das er von ihnen empfangen, hin und stürzt wie wahnsinnig fort. Erdbeben. Schreckensberichte — Frauen und Volk wehklagend: — Priester: der Vorhang des Tempels sei zerrissen. Deutung dieses Vorfalles durch Petrus. Petrus: »Fürchtet euch nicht ob der Schrecken des Wetters, denn wir wissen, dass sie ein Zeugniss der Liebe sind!« — Johannes und die beiden Marien kommen von der Hinrichtung zurück: »er hat vollendet.« — Petrus fühlt sich vom heiligen Geist gestärkt: er verkündet in hohem Enthusiasmus die Erfüllung von Jesus' Verheissung: sein Wort stärkt und begeistert Alles; er

(Vielleicht kann auch Pilatus die Nachricht von der Annäherung der erwarteten Legionen erhalten. Seine Verzweiflung, dass diese zu spät kämen, und Drohung gegen Jerusalem.)

redet das Volk an, — wer ihn hört, drängt sich hinzu und begehrt die Taufe (Aufnahme in die Gemeinde.) — Schluss. —

II.

Jesus stammte aus dem Geschlecht Davids, aus dem der Erlöser des jüdischen Volkes erwartet wurde: Davids Geschlecht leitete sich aber bis auf Adam, den unmittelbaren Sprossen Gottes, von dem alle Menschen stammen. Als Jesus von Johannes getauft wurde, erkannte ihn das Volk als Davidserben: er aber zog in die Wüste und ging mit sich zu Rathe: Sollte er seine davidische Abkunft im Sinne des Volkes geltend machen? Gelänge es ihm, was würde er anders sein als ein Genosse jener Grossen der Welt, die sich auf die Reichen und Herzlosen stützen? — Aber als der Spross des ältesten Geschlechtes, konnte er die oberste Herrschaft über die Welt beanspruchen, die nichtswürdige römische Gewaltherrschaft bedräuen: gelänge es ihm, konnte den Menschen geholfen sein, wenn, nur unter verschiedenem (vielleicht berechtigterem) Titel, Gewalt mit Gewalt wechselte? Er ging noch tiefer auf den Ursprung

seines Geschlechtes zurück, auf Adam den Gott-
entsprossenen: konnte ihm nicht übermenschliche
Kraft erwachsen, wenn er sich des Ursprunges von
dem Gotte bewusst fühlte, der über die Natur er-
haben war? Von den Zinnen des Tempels auf Jerusalem herabblickend fühlte er sich versucht, an dem
Heiligthum, das seinem Urvater geweiht war, Wunder zu wirken. Worin aber liegt die Kraft, Wunder
zu wirken, und wem sollen sie helfen als dem Menschen? Aus dem Menschen muss die Kraft kommen,
die ihm helfe, diese ist sein Wissen von sich vor
Gott, der im Menschen sich verkündigt. So warf
Jesus die davidische Abkunft von sich: durch Adam
stammte er von Gott, und seine Brüder waren nun
alle Menschen: nicht durch irdisches Königthum konnte
er diese aus dem Elend befreien, nur in der Erfüllung der von ihm erkannten höchsten göttlichen
Sendung, in der sich Gott zum Menschen wandelte,
um durch den einen Menschen, der ihn in sich zuerst
erkannte, sich allen Menschen zum Bewusstsein zu
bringen: die elendesten und leidendesten mussten
ihm die nächsten sein: von ihnen aus musste das
Wissen in die Welt kommen. — Jesus ging nach
Galiläa, dahin, wo er von Jugend auf das Leiden der
Menschen gesehen. — So lange die jüdische Stamm-
aristokratie in dem Messias den weltlichen Rächer

an Rom erblicken zu dürfen glaubte, mochte sie den
Volksberichten über Jesus nicht ohne Interesse lauschen:
Meutereien (mit Barrabas) brachen in diesem Sinne
gegen die Römer aus. Jesus' Einzug in Jerusalem
hing mit der Spitze dieser Bewegungen zusammen:
das bethörte Volk, noch mehr aber die Aristokratie
selbst enttäuschte Jesus durch sein Auftreten im Tempel, bei welchem er sein Menschen-, nicht: Juden-
Erlöseramt verkündete. Das Volk fiel von ihm ab,
— die Aristokratie, die er vernichten wollte, verfolgte
ihn: der römische Präfect konnte mit geringer Streit-
macht der Meuterei leicht Herr werden, als sie sich
in sich selbst auflöste, indem die Priesteraristokratie
den (zuvor als gefährlichst angesehenen) Volksführer
— Jesus — ihm zur Todesstrafe überlieferte. Die matt
ausgelaufene Meuterei war vom Präfecten vollends
durch Verhaftung der Rädelsführer (mit Barrabas) gedämpft worden: beim Verhör erkannte Pilatus Jesus'
Unschuld: — da er aber einen freigeben sollte, ver-
langte das Volk sehr richtig die Befreiung des Barrabas — als des von ihrer Partei —, während es sich
um Jesus nicht kümmerte. Pilatus konnte sich —
ohne Truppen — nicht helfen, da er eine neue und
verstärkte Meuterei fürchten musste, und gab dem
Volke nach. Jesus — als Judenkönig, ward nun in
jedem Sinne vom getäuschten Volke verhöhnt. —

IV. »Ihr müsset glauben, — durch den Glauben gelangt ihr zum Wissen. Die Gelehrten dieser Welt wissen, die haben aber keinen Glauben: ihr Wissen ist nichtig. Ich weiss, dass ich Gottes Sohn bin, und dass ihr deshalb alle meine Brüder seid: ich diene euch Allen und gehe für euch in den Opfertod: wenn ihr wissen werdet, gleich mir, werdet ihr auch thun gleich mir. So lange nähre euch der Glaube.« —

I. »Johannes trieb es hinaus aus den Städten in die Wüste; mich aber treibt der Geist aus der Wüste in die Städte (zu den Menschen.)«

IV. »Ihr sollt nicht schwören«; in dem Eide lag das bindende Gesetz einer Welt, welche noch nicht die Liebe kannte. Jeder Mensch sei frei, in jedem Augenblicke nach der Liebe und nach Vermögen zu handeln: durch einen Eid gebunden bin ich unfrei: thue ich in seiner Erfüllung Gutes, so verliert dies seinen Werth (wie jede gezwungene Tugend) und das Gute verliert den Werth der Überzeugung; führt er mich zu Üblem, so sündige ich dann aber mit Überzeugung. Der Eid bringt jedes Laster hervor: bindet er mich gegen meinen Vortheil, so werde ich ihn zu umgehen suchen (wie jedes Gesetz umgangen wird), und so wird das, was ich ganz nach Recht thäte, indem ich meinem Gedeihen nachgehe, durch

den Eid zum Verbrechen; finde ich aber in ihm
meinen Vortheil, (ohne meinem Gegner dadurch Nach-
theil zuzufügen,) so beraube ich mich des sittlichen
Genusses, jeden Augenblick nach richtigem Ermessen
das Rechte frei zu thun.

II. IV. »Ihr verstehet mich nicht, denn noch bin
ich ausserhalb eurer: drum geb' ich euch mein Fleisch
und Blut, dass ihr es esset und trinket, damit ich
euch innewohnen möge.«

II. »Gott ist der Vater und der Sohn und der
heilige Geist: denn der Vater zeuget den Sohn durch
alle Zeiten, und der Sohn zeuget wieder den Vater
des Sohnes in alle Ewigkeit: dies ist das Leben und
die Liebe, dies ist der heilige Geist.«

II. »Bewahrte ich euch nur vor dem Kaiser, vor
dem König wäret ihr nicht bewahrt, — wenn vor
ihm — nicht vor dem Hohenpriester, — wenn vor
dem — nicht vor den Mächtigen und Reichen, —
und bewahrte ich euch vor diesen Allen, ihr wäret
nicht vor euch selber bewahrt, wenn ihr die Lehre
nicht wüsstet: deshalb erlöse ich euch, indem ich
euch zum Lichte des Geistes führe, denn nur ihr
selbst könnet euch von allem Übel der Welt bewahren.
Das ist meine Sendung.«

I. III. »Ich erlöse euch von der Sünde, indem
ich euch das ewige Gesetz des Geistes verkünde,

welches sein Wesen, nicht aber seine Beschränkung
ist. Das Gesetz, das euch bisher gegeben, war die
Beschränkung eures Wesens im Fleische: ohne dies
Gesetz hattet ihr keine Sünde, sondern ihr gehorch-
tet dem Gesetze der Natur: nun ward über euer
Fleisch der Buchstabe gestellt, und das Gesetz, das
euch das Wesen des Fleisches als Sünde erkennen
lehrte, brachte euch zu Tode, weil ihr nun sündigtet,
indem ihr nun das thatet, was ihr nach dem Gesetz
nicht thun wolltet. Nun aber mach' ich euch von dem
Gesetze los, welches euch tödtete, indem ich euch das
Gesetz des Geistes bringe, das euch lebendig macht:
es gibt nun keine Sünde mehr als die gegen den Geist:
die kann aber nur unwissentlich begangen werden,
und ist somit keine Sünde mehr; wer aber den Geist
in der Wahrheit erkennt, der kann nicht mehr sündigen:
denn dies Gesetz beschränkt nichts, sondern es ist
selbst die Fülle des Geistes: — dies Gesetz aber ist
die Liebe, und was ihr in der Liebe thut, kann nie
sündig werden: in ihr wird euer Fleisch verkläret, denn
sie ist das Ewige. Alle Befriedigung, nach der ihr
verlanget, findet ihr aber nur in der Liebe: wie könn-
tet ihr nun etwas Anderes wollen, als das Gesetz,
welches eurem Verlangen einzig Befriedigung bringt?
Wäre das Fleisch wider die Liebe, so wäre es wider
sich selbst: bisher aber war es wider das Gesetz,

weil das Gesetz gegen die Liebe war: im Gesetz
also war die Sünde; nun tödte ich dies Gesetz und
tilge somit die Sünde: von der Sünde erlöse ich euch
also, indem ich euch die Liebe gebe: Gott aber ist
die Liebe, und durch die Liebe sandte er euch seinen
Sohn; dessen Brüder sind alle Menschen und ihm
gleich durch die Liebe.« Jede Creatur liebt, und die
Liebe ist das Gesetz des Lebens für alles Erschaffene;
schuf nun der Mensch ein Gesetz zur Beschränkung
der Liebe, um einen Zweck zu erreichen, der ausserhalb der menschlichen Natur liegt (— das ist Macht,
Herrschaft — vor allem aber: der Schutz des Besitzes:), so sündigte er gegen das Gesetz seines
eigenen Bestehens und tödtete sich somit selbst: dass
wir nun aber die Liebe erkennen und rechtfertigen
gegen das Gesetz des falschen Geistes, das macht,
dass wir uns über die unwissende Creatur erheben,
indem wir zum Wissen des ewigen Gesetzes gelangen, welches von Uranfang an die einzige Kraft
war: indem wir dies Gesetz aber wissen, üben wir
es auch aus und sind somit jederzeit die Mitschöpfer
Gottes, und durch das Bewusstsein auch davon also
Gott selbst. Jesus weiss, und die Gottesliebe übt er
durch seine Lehre von ihr: im Bewusstsein der Ursache und der Wirkung ist er somit Gott und Gottes
Sohn: aber jeder Mensch ist fähig zu gleichem

Wissen und gleicher Ausübung, — und gelangt er dazu, so ist er gleich Jesus und Gott.

Fraget ihr nun, weshalb denn der Mensch ein Gesetz schuf, das seiner eignen Natur widerstrebte, so erkennen wir den grossen Irrthum der Menschheit bis auf den heutigen Tag; nämlich das bis jetzt falsch verstandene Princip der Gesellschaft, die zunächst dadurch gesichert werden zu müssen schien, dass das Gesetz den Besitz, nicht aber das Wesen der menschlichen Natur in seiner Freiheit beschützte. Als ein erstes Gesetz verfestigte sich die Ehe, indem das Gesetz der Liebe auf sie übergetragen wurde: das Gesetz d. i. das Wesen der Liebe ist aber ewig: ein Paar welches sich ohne allen Zwang sich zuwendet, kann dies nur aus reiner Liebe thun, und diese Liebe kann naturgemäss, und sobald sie nirgends gestört wird, kein Aufhören ihrer Dauer in sich schliessen, denn sie ist die gegenseitige Ergänzung, welche in Mann und Weib den Quell vollkommener Befriedigung sich erhält und in der Fruchtbarkeit, so wie in der den Kindern zufallenden Liebe ihre stete Bewegung und Erneuerung gewinnt. Mit diesem vollkommenen Verhältnisse verband sich der Begriff des Besitzes: der Mann gehörte der Frau, die Frau dem Manne, die Kinder den Ältern, die Ältern den Kindern, — diesem Angehören gab die

Liebe — die Dauer: und das dauerhafte Angehören verfestigte sich eben in den Begriff des Besitzes, und dieser bildete sich namentlich durch die Abwehr gewaltsamer Eingriffe von aussen aus; was sich liebt, gehört sich und niemand anderem, vor allem nicht dem, der nicht geliebt wird. Das natürliche Recht des Individuums trug sich somit auch auf diejenigen über, die durch die Liebe ihm verbunden sind: so bildete sich der Begriff der Ehe, ihrer Heiligkeit, ihres Rechtes aus, und dieser verkörperte sich im Gesetz. Dies Recht musste aber von da ab ein Unrecht werden, als es nicht mehr durch und durch in der Liebe selbst seine Begründung fand, es musste zur vollkommenen Sünde werden, sobald seine Heiligkeit gegen die Liebe geltend gemacht wurde, und zwar nach zwei Seiten hin: 1. wenn die Ehe ohne Liebe geschlossen ward, 2., wenn das Älternrecht in Zwang gegen die Kinder überging. War ein Weib von einem Mann gefreit, den sie nicht liebte, und erfüllte er den Buchstaben des Ehegesetzes an ihr, so war sie durch dies Gesetz sein Eigenthum: des Weibes Streben nach Freiheit durch die Liebe, ward daher Sünde, — die wirkliche Befriedigung ihrer Liebe konnte sie nur im Ehebruche erreichen. Fühlten ebenso die Kinder zu freier Äusserung ihrer Liebe sich erblühen, und übten die Ältern ihr natür-

liches Angehörigkeitsrecht auf sie nicht im Sinne der
Liebe, also nicht einzig im Sinne der freien Liebe der
Kinder selbst, so mussten die Kinder durch selbstän-
dige Befriedigung ihrer Liebe gegen das Gesetz sündigen. Im Sinne der Liebe sündigten somit aber
nicht sie, sondern das Gesetz, welches darin frevelte,
dass es das Recht der Liebe auf den Besitz übergetragen hatte, der freien ewigen Bewegung der
Liebe somit dadurch einen Damm entgegensetzte, dass
es einen Moment der Liebe — nämlich die Dauer
derselben in einem sich durch die Liebe vollkommen
ergänzenden Paare — statt des Ewigen der Liebe
selbst setzte. — Ganz so verhält es sich mit dem
Gesetze des Eigenthumes: in ihm hat sich die Liebe,
so weit sie sich im Menschen als Drang nach Befriedigung durch den Genuss der Natur und ihrer
Producte äussert, zum ausschliesslichem Rechte des
Einzelnen an der Natur bis über den Genuss hinaus
verfestigt: durch dies Recht wehre ich einem anderen
den Genuss, von dem ich selbst bereits gesättigt bin,
suche somit meine Befriedigung nicht im Genusse
selbst, sondern im Besitze. Die Sünde gegen das
Eigenthum entspringt daher einzig aus dem Gesetze
des Eigenthumes: der Mensch, der durch den Drang
der Natur sich dagegen zu sündigen genöthigt fühlt,
frevelt daher nur durch das Dasein des Gesetzes

selbst, nicht an sich. — So befreit nun Jesus die
menschliche Natur, indem er das Gesetz aufhebt, das
sie durch seine Beschränkung sich selbst sündhaft
erscheinen lässt, — indem er das göttliche Gesetz
der Liebe verkündigt, in dessen Hülle unser ganzes
Wesen als gerechtfertigt begriffen ist. —

IV. Durch meinen Tod erstirbt nun das Gesetz,
indem ich euch zeige, dass die Liebe grösser ist als
das Gesetz.

I. »Das Gebot sagt: du sollst nicht ehebrechen!
ich aber sage euch: ihr sollt nicht freien ohne Liebe.
Eine Ehe ohne Liebe ist gebrochen, als sie geschlossen
ward, und wer freite ohne Liebe, der brach die Ehe.
So ihr mein Gebot befolgt, wie könnet ihr es je
brechen, da es euch das gebietet zu thun, wonach
sich euer Herz und Seele sehnen? — Wo ihr aber
freiet ohne Liebe, so bindet ihr euch wider Gottes
Gebot, und indem ihr die Ehe schliesset, sündigt ihr
wider Gott, und diese Sünde rächt sich dadurch, dass
ihr nun wider das Menschengesetz strebet, indem ihr
die Ehe brecht.«

Oder:

»es ist ein gutes Gesetz: du sollst nicht ehebrechen, und wer die Ehe bricht, der sündigt; ich
bewahre euch nun vor der Sünde, indem ich euch
Gottes Gebot gebe, das da heisst: du sollst nicht

freien ohne Liebe.« — Wer nun Gottes Gesetz befolget, an dem hat der Menschen Gesetz keine Macht,
an ihm muss es zu Schanden werden und sterben,
wie es zuvor den Menschen zu Schanden gebracht
und getödtet hat:«

III. »Wo kein Gesetz ist, ist auch keine Sünde.
Gegen das Gesetz Gottes könnt ihr aber nur sündigen
durch der Menschen Gesetz: dadurch dass ihr Gottes
Gesetz befolget, machet ihr der Menschen Gesetz
aber zu Schanden, — und Gottes Gesetz befolget
sich von selbst, sobald ihr euch von der Menschen
Gesetz los macht, so dass ihr frei seid und nirgend
mehr gebunden und das thuet, was euch wohlgefällt
nach Gottes Liebe, die in euch ist und nur durch der
Menschen Gesetz aus euch geräth. — So ist auch
ein gutes Gesetz: du sollst nicht stehlen, noch be-
gehren eines anderen Eigenthum. Wer dagegen thut,
sündigt: ich bewahre euch aber vor der Sünde indem ich euch lehre: Liebe deinen Nächsten wie dich
selbst, d. h. auch: trachte nicht Schätze zu sammeln,
dadurch du deinem Nächsten entziehest und ihn darben machst: denn so du durch der Menschen Gesetz
dein Gut lässest hüten, reizest du deinen Nächsten
II. zu sündigen wider das Gesetz. Trachtet nicht nach
den Schätzen dieser Welt und häufet nicht den Mammon, da die Diebe darnach graben: fraget auch nicht:

was werden wir essen, was werden wir trinken etc.
Thuet nach der Liebe Gottes, das heisst: liebet euren
Nächsten, so wird euch alles übrige zufallen, denn
Gott schuf die Welt zu eurer Ehre und zu eurem
Reichthum, und was sie enthält ist zu eurem Genuss,
einem jeden nach seinem Bedürfniss. Wo aber gegen
die Menschenliebe Schätze gesammelt werden, da
sammelt ihr auch die Diebe, gegen die ihr das Gesetz erlasset: so macht das Gesetz die Sünder, und
der Mammon machet die Diebe. Wer aber nach
Gottes Gesetz lebet, der macht das Menschengesetz
zu Schanden, indem er weder an sich noch seinem
Nächsten Anlass zur Sünde giebt.

Wer Schätze häufte, die die Diebe stehlen können,
der brach zuerst das Gesetz, indem er seinem Nächsten nahm, was ihm nöthig ist. Wer ist nun der
Dieb: der dem Nächsten nahm das, dessen er bedurfte, oder der dem Reichen nahm das, dess er
nicht bedurfte? Seht, so bringt das Gesetz Ärgerniss in die Welt, und von ihm erlöset euch nur das
Gebot Gottes: ihr sollet euch lieben, — all' ander
Gesetz ist eitel und verdammlich.«

»Die Sünde ist so lange in der Welt, als das
Gesetz es ist, und das Gesetz so lange, als die Ungerechtigkeit (das Unrecht) da ist: wer in Gottes Liebe
lebt, der ist gerecht und das Gesetz wird an ihm todt.«

I. III.

Ihr stammet aus Gott: aus Gott aber kann nichts Unreines stammen. Denn ist der Anbruch heilig, so ist auch der Teig heilig; ist die Wurzel heilig, so sind auch die Zweige heilig. Gerecht ist also auch der Menschen Fleisch und Blut, und kein Unrecht kann an ihm sein: sondern alles Ärgerniss und Sünde kommen durch das Gesetz, das wider den Menschen ist, darum bin ich gekommen euch von dem Gesetze zu erlösen, ohne das es keine Sünde giebt, — das thue ich aber, indem ich euch lehre, dass ihr Alle aus Gott stammet und in ihm seid durch die Liebe, welche ist das einzige Gebot.

II. III. »Nicht sollt ihr mehr Gott zu dienen glauben, indem ihr in den Tempel gehet, Worte betet und bringet Opfergaben in Dingen, die euch zu missen nicht beschwert: ein anderes Opfer sollt ihr nun bringen euer ganzes Leben hindurch, solange ihr wandelt und athmet: euren Leib sollet ihr opfern tagtäglich und allstündlich, dass er lebe in der Liebe Gottes; d. h. in der Liebe eurer Brüder, dass ihr nun nicht mehr wandelt nach dem Gesetze, das eure Unliebe schützte, sondern nach dem Gebote, das ich euch gebracht habe: so ihr in eurem Gemüthe es als das wahre erkannt, sollt ihr euren Leib nach dem Gemüthe thun lassen: das ist das Opfer, das

da stets lebendig, heilig und Gott wohlgefällig ist,
— das ist das Leben selbst, welches der vernünf-
tigste Gottesdienst ist.

III. Ein jeder, der in der Liebe wandelt, ist
ein König und Hohepriester über sich, denn er ist
Niemand unterthan als Gott, der in ihm ist; der
aber ohne Liebe wandelt, der ist ein Knecht
und jedem Gewaltigen der Erde unterthan, denn
in ihm ist die Sünde, und die Sünde beherr-
schet ihn.«

III. »Eure Weisen und Gelehrten, die ihren
Verstand stachelten, das Gesetz und das Herkommen zu rechtfertigen, mache ich zu nichte durch
mein einfältig Wort, damit ich künde: Gott ist die
Liebe.«

II. Jesus ehelicht kein Weib: »der Same Davids
soll in mir ersterben, damit ich euch den Samen
Gottes lasse.« (vergl. 1. Corinther IX. 25.)

II. IV. »Noch kann ich euch nicht die starke
Lebensspeise reichen, denn ihr vermöget sie nicht
zu verdauen: mit Milch muss ich euch tränken, wie
die neugebornen Kindlein; so könnet ihr das Wissen
noch nicht fassen, und ich lehre euch drum den
Glauben: der Glaube aber, wenn ihr ihn treu be-
wahret in der Liebe zu mir, wird euch zum Wissen

führen, denn die Milch nähret euch, bis dass ihr
kräftig seid, das Lebensbrod zu geniessen.«

(I.) II. »Die Liebe ist frei, — sie wird bethätigt
durch den freien Willen: sie ist geistig und liegt nicht
in den Banden der Natur, dem Blute. Das Gesetz
band sie an das Blut, und erzeugte so an sich die
Sünde. — Die Bethätigung der Liebe bewirkt den höchsten Reichthum der Welt, ihr Gegentheil die höchste
Armuth. Zu Allem, was ich kann, habe ich freien
Willen: übe ich ihn in der Liebe, so thue ich das,
was nicht mir allein nützt, sondern was vielen nützt;
dadurch vervielfältige ich aber die Wohlthat meines
Thuns auch für mich, weil nun viele auch nur das
thun, was zugleich mir nützt. Wenn ich nun nach
freiem Willen nur das thue, was gerade mir allein
nützen soll, so suche ich nicht meinen Nutzen, sondern nur den Schaden meines Nächsten, weil mir
allein nur das nützen zu können scheint, womit
einem Andren Abbruch gethan wird: mein Nächster,
um nicht zu verkommen, muss sich daher auch dadurch zu nützen suchen, dass er mir schadet: dieser
Nächsten sind aber viele, und nur meine höchste
Armuth wird sie bereichern können. So strebt denn
unter dem Gesetze Alles sich zu schaden, indem es
jeden einzelnen vor Schaden zu bewahren sucht:
die reichen und beglückenden Thaten der Liebe kann

aber kein Gesetz hervorbringen: denn das Gesetz
ist Beschränkung der Freiheit, — die Liebe ist aber
dann nur schöpferisch, wenn sie frei ist.«

II. Gleich wie der Leib viele und mannigfaltige
Glieder hat, von denen jedes sein Geschäft und
Nutzen und besondere Art hat, die alle zusammen
aber doch nur den einen Leib ausmachen, so sind
alle Menschen die Glieder des einen Gottes. Gott
aber ist der Vater und der Sohn, er zeuget sich
immer fort neu; im Vater war der Sohn, und im Sohne
ist der Vater; wie wir nun Glieder des eines Leibes
sind, welcher Gott ist und dessen Hauch die ewige
Liebe ist, so sterben wir nie, gleichwie der Leib,
d. i. Gott nie stirbt, da er der Vater und der Sohn
ist, das heisst: die stete Verwirklichung der ewigen
Liebe selbst.«

IV. So wird der Tod verschlungen von der Liebe:
denn der Stachel des Todes ist die Sünde, die Kraft
aber der Sünde ist das Gesetz. (des' ihr durch die
Liebe los seid.)

III. IV. »Gottes theilhaftig in der Unsterblichkeit
sind Alle, die ihn erkennen: Gott erkennen aber
heisst, ihm dienen: das ist, seinen Nächsten lieben,
wie sich selbst.« —

II. Jesus zu seinen Brüdern (den Söhnen Josephs
und Maria's) in Bezug auf seine voreheliche Geburt,

über die sie ihn befragen: »Ihr seid geboren aus dem Fleische, ich aber aus der Liebe: so bin ich aus Gott, ihr aber aus dem Gesetz.«

I. III. »Ihr schriebet eure Gesetze auf Steine und Pergamente, und bandet den Geist: ich schreibe das Gesetz der Liebe in eure Herzen und mache den Geist frei.«

I. »Diese Münze trägt das Zeichen des Kaisers: wes' Zeichen ich aber trage, des' Knecht bin ich. Hängt ihr euer Herz an die Schätze des Goldes und des Silbers, so seid ihr dieser Welt eigen, und ihr müsset von ihnen zinsen dem, in des' Namen und Zeichen eure Schätze gemünzt sind: sammelt ihr euch aber Schätze des Geistes und wandelt in der Liebe Gottes, so habt ihr Gott und der Liebe zu zinsen, durch die Werke der Liebe, die euch beseligen und verklären. Wollt ihr nun die Schätze der Liebe sammeln, um für alles Leben genug zu haben, so werfet von euch die Schätze der Welt, damit ihr nimmer den Durst eines Tages zu stillen vermöget, und deshalb sage ich euch: gebet dem Kaiser, was des Kaisers ist, — und Gott, was Gottes ist!« —

I. »Ihr verstehet nicht mein Gebot? — Wie hatte euch doch das Gesetz Klarheit, welches die Verdammniss predigte und euch tödtete: denn vor seiner Deutlichkeit wurdet ihr zu Sündern: soll nun nicht vielmehr das Gebot Klarheit haben, welches die Erlösung predigt und das Leben?«

(Im Tempel: Akt III.) III. »Moses verdeckte vor euch sein Angesicht, da er starb, dass ihr nicht das Ende des' sehen solltet, der euch das Gesetz gab, das doch enden soll: diese Decke hänget nun noch vor euch Verstockten, auf dass ihr nicht sehen wollet den Tod dessen, das doch enden soll; ich hebe nun die Decke, da das Gesetz in mir enden soll, damit ihr sehet den Tod dessen, das ihr Heuchler für lebendig gelten lassen mögtet: und offen und vor allen Augen werde ich den Tod erleiden um der Liebe willen, durch die ich die Welt erlöse zum ewigen Leben.«

V. »Ich sterbe durch das Gesetz um der Liebe willen, damit ihr wisset, die Liebe sei ewig und das Leben, das Gesetz aber zeitlich und der Tod. So breche ich diesen Zaun, der das Leben scheidet, und bringe den Frieden.«

(Akt IV) Die Jünger: »nun verstehen wir dich!« Jesus: »Ihr schmecket erst nur die Milch, nicht die Galle meiner Lehre. Mein Tod gebe euch die Galle, dass ihr kräftig widerstehet und das Werk thut, das nöthig ist.« (Siehe Eph. IV. 13 und 14.)

II. »Alle Menschen sind die Glieder des Leibes

Gottes: jedes beweget sich für sich nach freiem
Willen, sobald sie aber wider einander streben, wird
der Leib siech, und jedes einzelne Glied muss siechen:
so sie aber sich eines das andre tragen, stützen und
nützen, blühet der ganze Leib in lebendiger Gesundheit. Dies Gesetz des Lebens und der Gesundheit
empfanget ihr durch die Liebe, und wer dies Gesetz
befolget, wer wollte sagen, er sei Knecht, da er sich
doch dadurch selbst Gesundheit und Leben giebt:
das Leben aber ist Freiheit, das Siechthum ist Knecht-
schaft: der freie Wille des Lebens ist also die
Liebe.«

»Ich bin nicht gekommen, mit der Sünde zu
vertragen, sondern sie zu tödten.

1. IV. Judas: »Meister, sprichst du vom Himmel-
reiche? oder soll dies auf der sündigen Erde möglich sein?« Jesus: »hältst du die Gesetze für mög-
licher, die ihr täglich brechet, als das eine Gesetz,
in dem ihr immerdar unsträflich wandelt? — Ist das
Gesetz des Lebens, das von Anfang war und ewig
sein wird, hier unmöglich auf Erden, da ihr doch
einzig darin lebt? dagegen das Gesetz des Menschen,
das gebrochen war als es gegeben ward, das haltet
ihr für unerlässlich nothwendig? — O ihr Sünder
und Verstockten, die ihr die Wahrheit für unmöglich halten wollet, während ihr die Lüge für die

Nothwendigkeit erkennen möchtet. Öffnet euer Herz
und sehet, was jedes Kind sieht!«

(IV) »Ich bin der Messias und Gottes Sohn: ich
sage euch das, damit ihr nicht irre werdet und auf
keinen anderen mehr wartet:«

Zur Wiederkunft Jesus. s. II. Thessal. VI.
8—12.

II. »Wo es Freie giebt nach dem Gesetz, da
giebt es auch Knechte: im Gesetz der Liebe aber
seid ihr alle gleich und frei.«

I. »Dem Reinen ist alles rein.«

IV. »Die Milch schenket euch die Mutter: das
Brod müsset ihr euch selbst erwerben.« »Die Men-
schen sind Gott, was das Weib dem Manne: das
Weib empfängt vom Manne und gebiert, und ihres
Leibes Frucht wird wieder zum Mann; Mann und
Weib sind aber ein Fleisch und Blut, und so sind
wir mit Gott eins.«

Jesus (beim Gang zur Hinrichtung zu Petrus.)
»Du folgtest mir da ich gefangen ward, — mich zu
verleugnen: — nun ich zum Tode gehe, bleibe
zurück, — um von mir zu zeugen!«

III. IV. »Durch ein Opfer vom Blut der Stiere
und Böcke ging der Hohepriester einmal alljährlich
in das Heiligste des Tempels ein, das doch von
Menschenhand gemacht ist: ich gehe durch das Opfer

meines eigenen Blutes einmal für alle Zeiten in das
Allerheiligste des Tempels, der von Gottes Händen
geschaffen ist: der Tempel Gottes aber ist die
Menschheit.«

I. III. »Wohl fein habt ihr Gottes Gebot aufgehoben, dass ihr eure Aufsätze haltet!«

Akt II. Jesus: »Mutter, warum hast du diese
gezeugt?« Maria: »sagt nicht das Gesetz: das Weib
sei unterthan dem Manne?« — »Du sündigtest, da du
ihnen das Leben gabest ohne Liebe, denn du sündigtest dann wieder, da du sie nährtest und erzogest
ohne Liebe. Doch ich bin gekommen, um auch dich
von der Sünde zu erlösen: — denn sie werden mich
lieben um Gottes Willen und dir danken, dass du
durch Gott mich der Welt gabest. Dies werd' ich
vollbringen, drum folget mir nach Jerusalem.«

I. »Die Ehe heiligt nicht die Liebe, — sondern
die Liebe heiligt die Ehe.«

II. (Jesus Stellung als Arzt der entarteten und
tiefzerrütteten Gesundheit des Volkes gegenüber:) »nun
kommen die Ärzte und preisen ihre Wissenschaft,
die doch nichts weiss; denn wo der Grund der Übel
liegt, das übersehen sie oder wollen es nicht sehen,
damit sie dem hungernden Siechen auch noch rauben
können, was ihm die letzten Kräfte erhielte. Meine
Heilkunde ist einfach: lebet ihr nach meinen Geboten,

so braucht ihr keine Ärzte mehr. Drum sage ich
euch, sind eure Leiber zerrüttet, so sorget, dass eure
Kinder heil werden und euer Siechthum nicht erben:
lebet thätig in der Gemeinde, saget nicht: »das ist
mein« sondern Alles ist unser, — so wird keiner
von euch darben und ihr werdet gesunden. Die
Übel, die euch aber durch die Natur noch zustossen,
sind leicht zu heilen: weiss doch jedes Thier im
Walde, welch' Kraut ihm nützet, — wie solltet ihr es
nicht wissen, sobald ihr nur hell sehet und die Augen
offen habt; so lange ihr aber den Weg des Elends
und der Völlerei, des Wuchers und des Darbens
wandelt, ist euer Auge verdeckt und ihr sehet nicht,
was das Einfachste ist.« — »Warum siechen die Thiere
in der Wüste nicht? sie leben in Kraft und Freude,
und wenn ihre Stunde kommt, scheiden sie still und
legen sich dahin, wo ihr Schöpfer sie enden lässt.« —

Akt III. »Wehe euch, denn ihr bauet der Propheten Gräber, eure Väter aber haben sie getödtet.«
(das Reich Gottes: Evang. Luc. XVII. 20. 21.)

II. — »Verkaufe Alles was du hast, gieb's den
Armen und nähre dich durch Arbeit.«

Akt II. »Eure Väter haben Manna gegessen in
der Wüsten und sind gestorben. Ich bin das Brot,
das vom Himmel kommt, auf dass, wer davon isset,
nicht sterbe!«

Ev. Joh. VII. 1—8 »die Welt kann euch nicht hassen, mich aber hasset sie, denn ich zeuge von ihr, dass ihre Werke böse sind.«

(Barrabas, da er Jesus aufgab, eilte voraus nach Jerusalem und erregte einen Aufstand, der aber an der Theilnahmlosigkeit des Volkes verunglückte, welches von Jesus wusste und auf seine Ankunft harrte: als das Volk sich nun in Jesus getäuscht sah, wandten sie sich wieder zu Barrabas und verlangten ihn frei.)

II. — »Denn die Liebe ist die Freude.«

Gott war mit der Welt von Anfang an Eins: die ersten Geschlechter (Adam u. Eva) lebten und webten in dieser Einheit, un- (Der Mensch im Miss- schuldig, ohne von ihr zu verständniss seiner ei- wissen: der erste Schritt der genen Bewegungstriebe, kam sich als ausserhalb Erkenntniss war der des Un- Gott, d. i. als bös vor: terschiedes des Nützlichen und sich selbst stellten sie Schädlichen; im menschlichen das Gesetz, als von Herzen wuchs der Begriff des Gott, gegenüber, um Schädlichen bis zu dem vom sich zum Guten zu Bösen: dies schien uns der zwingen.)

Gegensatz des Guten, des Nützlichen: Gottes zu sein, und in dieser Zwiegespaltenheit lag alle Sünde und alles Leiden der Menschen begründet; auf ihr bildete sich die Ansicht von der Unvollkommenheit des Menschen aus, und diese Ansicht selbst musste sich bis zum Zweifel an Gott steigern.

Hiergegen suchte die menschliche Gesellschaft

III. Rettung durch das Gesetz: sie band den Begriff des Guten am Gesetze, als einem uns allen verständlichen und wahrnehmbaren, fest: das am Gesetz fest gebundene war aber nur ein Moment des Guten, und wie Gott ewig zeugend, flüssig und beweglich ist, wandte sich das Gesetz daher gegen Gott selbst; denn, indem der Mensch nicht anders als nach dem Urgesetze der Bewegung selbst leben und wandeln kann, muss er, seiner Natur folgend, gegen das Gesetz, d. i. das bindende, stehende, — verstossen, somit sündig werden. Dies ist das menschliche Leiden, das Leiden Gottes selbst, der sich in den Menschen noch nicht zum Bewusstsein gekommen ist. Dies Bewusstsein erlangen wir endlich dadurch, dass wir das Wesen des Menschen selbst als das unmittelbare Gottsein setzen, dass wir das ewige Gesetz, nach welchem alles Erschaffene sich bewegt, als das positive, unverrückbare erkennen, und den Unterschied des Nützlichen und Schädlichen dadurch aufheben, dass wir im Betracht des Ewigen beides als dieselbe Äusserung der schöpferischen Kraft erkennen: die ursprüngliche Einheit Gottes mit der Welt wird uns somit im Bewusstsein neugewonnen, und die Sünde, somit das Leiden dadurch aufgehoben, dass wir das unbeholfene Menschengesetz — das sich als Staat der Natur entgegenstellte — durch die Erkenntniss Gottes, des einigen, an uns, in uns und in der Einheit mit der Natur — welche wir selbst als ungetheilt erkennen — aufheben. Jesus hat diesen Zwiespalt aufgehoben und die Einheit Gottes hergestellt durch die Verkündigung der Liebe.

III. Jesus: »Zwischen Vater und Sohn, d. i. dem ewiglebendigen Gott, habt ihr das Gesetz gestellt, und so Gott mit sich entzweit: ich tödte das Gesetz und verkünde statt seiner den heiligen Geist, — das ist die ewige Liebe.« — »Ich bin gekommen, zu binden, was ihr gelöset, und zu lösen, was ihr gebunden habt.«

Akt II. »Ehret euren Leib, haltet ihn rein, schön und gesund, so ehret ihr Gott, denn euer Leib ist Gottes Tempel, dass in ihm er sich wohlgefalle.«

»An der Welt ist keine Sünde, sie ist vollkommen, wie Gott, der sie schuf und erhält: und rein ist jeglich Geschöpf, das in ihr lebt, denn sein Leben ist die Liebe Gottes, und das Gesetz, nach dem es lebt, ist das Gesetz der Liebe. So lebte auch der Mensch einst in der Unschuld, doch die Erkenntniss des Guten und Bösen, das was nützt und schadet, brachte ihn ausser sich, und er lebte nach Gesetzen, die er sich selbst schuf sich zum Tode: nun bringe ich den Menschen wieder zu sich selbst, dadurch dass er Gott in sich erkennt, und nicht ausser sich: Gott aber ist das Gesetz der Liebe, und so wir es nun wissen und darnach wandeln, wie jedes Geschöpf darnach wandelt, ohne es zu wissen, sind wir Gott selbst: denn Gott ist das Wissen von sich.«

»Wandelt jedes unvernünftige Geschöpf ohne Sünde, weil es ohne Wissen in der Liebe wandelt, wie vielmehr wird der Mensch nicht ohne Sünde leben können, der doch das Gesetz der Liebe durch mich weiss?«

V. »Mein Reich ist nicht von dieser Welt: ich streite gegen Niemand, denn ich kämpfe für Alle.«

II. oder IV. »Wie werden wir uns der Lehre freuen können, wenn sie nicht alle Menschen befolgen?« — Jesus: »So lange ihr wenige seid, die meine Lehre kennen und befolgen, werdet ihr von der Welt leiden und gehasst werden: aber die Macht des Leidens beginnet nicht von jetzt, sie ist so alt als das Gesetz, selig aber werdet ihr schon sein im Leiden, denn ihr wisst, um was ihr leidet, indem ihr Gott erkennet: so kann euer Leib nur leiden, nicht aber eure Seele. An euch wird das Ärgerniss erst voll werden, aber wehe denen, von denen das Ärgerniss kommt. Die meine Lehre nicht kennen, können nicht sündigen wider den heiligen Geist, — aber denen sie gelehrt sein wird und sie doch nicht befolgen, die sollen erachtet werden gleich den Hunden, die ihr eigen Gespie'nes wieder auffressen. Je weiter also mein Wort gelehrt sein wird, und die Welt lebet doch nicht nach ihm, desto grösser wird die Sünde und das Leiden der Welt werden: Völker werden wider Völker streiten, und die Mächtigen der Erde werden die Menschen um ihrer Selbstsucht willen zur Schlachtbank führen: — aber dann werde ich wieder kommen und mit meinen Getreuen die Welt besiegen, dass das Reich Gottes auch auf der Erde gegründet werde: dies wird aber nie vergehen, denn das Reich der Liebe währet ewig.«

»Das Himmelreich ist nicht aussen, sondern in uns: darum, selig die mein Gebot befolgen, denn sie haben das Himmelreich.« »Wann wird dies sein?« Jesus: »das ziemt euch nicht zu wissen, sondern euch ziemt zu streben, dass ihr jeder Zeit des Himmelreiches theilhaftig seiet, welches ewig ist.« — »Ein einziges Gesetz ist das rechte: je mehr Gesetze, desto verderbter die Welt!«

II. »Geben ist seliger denn nehmen.«

Vom Tod.

Das letzte Aufgehen des Einzellebens in das Gesammtleben ist der Tod, er ist die letzte und be-

stimmteste Aufhebung des Egoismus. Die Pflanze
wächst aus einem Keime, der sie selbst ist: jede
Entwickelung der Pflanze ist eine Vervielfältigung
ihrer selbst in Blüthe und Samen, und dieser Process
des Lebens ist der unaufhaltsame Fortschritt zum
Tod. Sein Tod ist das Selbstopfer jedes Geschöpfes
zu Gunsten der Erhaltung und Bereicherung des
Ganzen: das Geschöpf, das dieses Opfer mit Bewusstsein vollbringt, wird dadurch, dass es seinen
freien Willen in die Nothwendigkeit dieses Opfers
setzt, zum Mitschöpfer, — dadurch aber, dass es
hierbei den freien Willen zu grösstmöglicher sittlicher
Bedeutsamkeit des Opfers verwendet, zu Gott selbst.
Den Menschen musste diese Naturnothwendigkeit zum
Bewusstsein von ihr führen, indem er, mit freiem
Willen handelnd, bei aller scheinbaren Befriedigung
seines Egoismus dennoch zu seinem Aufgehen in eine
immer ausgedehntere Allgemeinheit fortschreitet. Dieses Fortschreiten bedingt sich durch die Liebe. Die
Liebe ist die nothwendigste Äusserung des Lebens:
wie in ihr aber materiell der selbstige Lebensstoff
sich seiner entäussert, so geht in ihr auch der sitt-
liche Process der Entäusserung des Egoismus vor,
und die vollendete Entäusserung desselben ist der
Tod, das Aufgeben des Leibes, der eigentlichen Hei-
mat des Egoismus, des letzten Hindernisses meines

Aufgehens in die Allgemeinheit. — Wie der Mensch
aus einer Entäusserung des Lebensstoffes seiner Er-
zeuger hervorgeht, von der Milch der Mutter ernährt,
seiner anfänglichen Hülflosigkeit durch Opfer Anderer
abgeholfen wird, so ist sein Wachsen, sein Gedeihen,
also das volle Reifen seiner Individualität ein Nehmen
und Empfangen.

Bis zu seiner physischen Reife entwickelt der
Mensch sich somit nach dem Princip des reinen
Egoismus: die Kindesliebe zu den Erzeugern, Er-
nährern und Erziehern ist Dankbarkeit, und diese be-
zieht sich jedesmal auf das Empfangene, sie ist die
Freude des Empfängers an sich selbst, aber keine
Erwiderung, denn ein Ersatz, eine Vergeltung ist hier
nicht denkbar. Als vollständig ausgebildeter Egoist
tritt nun das Individuum der Allgemeinheit gegenüber,
und sein handelndes Verhalten zu ihr ist das allmälige
Aufgeben seines Egoismus, sein endliches Aufgehen
in der Allgemeinheit.

Dankbarkeit ist keine Liebe, sondern eine durch-
aus unbefriedigende, in sich unwahre Empfindung;
sie kann nur Belobigung der Liebeshandlung eines
Andren sein, die Rechtfertigung einer mir erwiesenen
Wohlthat: selbst Liebe könnte sie nur sein, wenn sie
das Empfangene erwiderte, denn die Liebe ist gebend,
nicht empfangend: eine vollgültige Erwiderung des

Empfangens könnte aber nur eine Zurückgabe des Empfangenen sein, mithin also die Aufhebung der mir erwiesenen Liebesthat: die wirkliche Befriedigung des Dankgefühles müsste also in der Vernichtung der Ursache der Dankesverpflichtung liegen: sie wäre also das reine Gegentheil der Liebe, nämlich die Verneinung ihrer That, und producirte sie auch wieder eine That der Liebe, so könnte diese nicht als solche gelten, da die Pflichterfüllung eine unfreie Handlung, die empfangene Liebesthat aber aus freiem Antrieb kam. Dankbarkeit ist daher einer der leeren Begriffe, welche in einer egoistischen Gemüthsschwäche beruhen und in ihrer Unproductivität die mannichfaltigsten Täuschungen herbeiführen, denn sie hebt zugleich die Freiheit des Handelns auf, ohne welche die Liebe undenkbar ist. Da aber Dankbarkeit nicht ohne den Wunsch der Vergeltung gedacht werden kann, einen Wunsch, der sich doch nicht erfüllt, entwächst aus ihr auch eine Verpflichtung, welche nie erledigt wird, — denn die Erfüllung oder Erledigung wäre ja eben die Aufhebung der Liebesthat.)

Die erste Handlung der Wiederentäusserung seiner selbst ist die Geschlechtsliebe; sie ist ein Vonsichgeben der eigenen Lebenskraft: in der Geschlechtsliebe und der Familie vervielfältigt sich der Mensch

sinnlich durch Entäusserung seiner selbst, und jeden-
falls liegt hierin die physische Nothwendigkeit seines
Todes, wie bei der Pflanze: dieser Nothwendigkeit
gegenüber stünde das Parodoxon, der Mensch würde
nicht sterben, wenn er sich durch die Zeugung nicht
vervielfältigte, seine zeugende Kraft somit gewisser-
massen zur beständigen Reproduction seines eigenen
Leibes verwendete; hierdurch würde denn der voll-
kommenste, unzerstörbarste Egoismus begründet sein,
und in der That liegt dieser Egoismus der mönchi-
schen Entsagung zu Grunde, gegen welche die Natur
sich dadurch rächt, dass sie jene zeugende Kraft un-
fruchtbar am eigenen Leibe verkommen lässt, ihm
sie aber keines Weges für sich erhält, denn das
Leben ist Bewegung in der Vervielfältigung. — Der
Tod wird somit dem Einzelnen zum Aufgeben seiner
selbst zu Gunsten der Vervielfältigung seiner selbst.
Ist das Verhältniss der Familie rein, tritt der Tod
natürlich und im hohen Alter bei vorhandener zahl-
reicher Nachkommenschaft ein, so ist der Tod von
je — wie wir dies im Patriarchalleben sehen — nie
herb und schreckenvoll erschienen: erst nach der Los-
reissung von den natürlichen Geschlechtsbanden durch
Verderbniss der Reinheit der Familie, als der menschliche Egoismus seine Befriedigung in ein ausserhalb
des Geschlechtes Liegendes, in den Besitz und die

Macht setzte, musste der Tod schrecklich werden,
weil er einen Egoismus auflöste, der als in seiner
Vervielfältigung fortlebend nicht füglich gedacht werden konnte. In der von Jesus gelehrten allgemeinen
Menschenliebe ist nun die Versöhnung mit dem Tode
in unendlicher Vergewisserung hergestellt, weil durch
sie der Egoismus seine vollständigste Befriedigung
in der vollständigsten Aufhebung seiner selbst findet.
Fand sich der Patriarch in einer blühenden Geschlechts-
nachkommenschaft bereits befriedigt, so wuchs diese
Befriedigung mit der Ausdehnung der Liebe über
die Geschlechtsglieder hinaus. Wenn der Vater durch
die Liebe zu seinen Kindern die Befriedigung seines
Egoismus endlich in dem Gedeihen seiner Leibes-
früchte, d. h. in der Befriedigung des Egoismus seiner Kinder, findet, so wird er denen wiederum
wohlwollen, welche den Seinigen zu ihrer Befriedigung verhelfen; in einem gesellschaftlichen Verbande
sein und seiner Kinder Wohlergehen verbürgt zu wissen, erweitert den Familienegoismus endlich zum
Patriotismus, d. i. zur Liebe für den Verein, in dem
ich meine oder der Meinigen Befriedigung durch
Gegenseitigkeit gesichert weiss. Je deutlicher und
bestimmter ich nun das Gedeihen dieser grösseren
Genossenschaft dadurch verbürgt erkenne, dass der
Egoismus des Einzelnen in dem Gemeinsein Aller

untergehe, erkenne ich zugleich auch, dass dieser
Egoismus darin seine höhere, erweiterte Befriedigung
finde: die Naturnothwendigkeit des Todes wird zur
sittlichen That, sobald ich das in ihm liegende Opfer
mit Bewusstsein zum Heile der Genossenschaft dar-
bringe: durch meinen Tod für das Vaterland erhalte
ich nämlich die Befriedigung, dem Vaterlande einen
höchsten Nutzen, den seiner Erhaltung, zu verschaffen;
die letzte Entäusserung des Egoismus durch den Tod
wird daher eine hoch gesteigerte Befriedigung meines zahlreich vervielfältigten Ich's. Nun lehret uns
aber Jesus auch die Schranken des Patriotismus zu
durchbrechen und unsre reichste Befriedigung in dem
Heile des ganzen Menschengeschlechtes zu finden: je
inniger ich mich nun im Laufe meines Einzellebens
von der beseligenden Wahrheit dieser Lehre über-
zeuge, je grösseren Genuss ich aus der allgemeinen
Menschenliebe ziehe, indem ich mich ihr selbst mit
Bewusstsein weihe, zu je grösserem Reichthum ich
die Befriedigung meines eigenen Bedürfnisses steigere,
indem ich sie nur in die Befriedigung allgemeiner
Menschenliebe setze, desto mehr vernichte ich meinen Egoismus durch mein Aufgehen in das Allgemeine, und die vollständigste — wie nothwendigste
— Vernichtung dieses einzelnen Ichseins erreicht
sich im Tode, dem durch mein Leben herbeigeführten

Aufgeben meiner selbst. Durch den Tod wird zugleich aber auch meine Individualität vollendet, durch den vollkommenen Abschluss meines persönlichen Seins. So lange ein Mensch lebt, gehört er (wissentlich oder unwissentlich) der Bewegung der Allgemeinheit an; möge er durch seinen freien Willen sich noch so selbständig gebahren, eben dieser sein Wille kann vernünftigerweise von ihm nur im Einklang mit der allgemeinen Bewegung ausgeübt werden, denn dadurch macht er sich diese Bewegung mit Bewusstsein zu eigen und schafft, während er an sich die Bewegung nur zerstören könnte, wollte er seinen Willen ihr entgegensetzen; Alles was sich bewegt, verändert sich aber, der gestorbene Mensch verändert sich uns aber nicht mehr; durch den Abschluss seines Lebens tritt er uns als ein festbegränztes, sicher zu gewahrendes Besonderes gegenüber, an ihm und nach ihm erkennen und beurtheilen wir uns selbst. — Durch seinen Tod bezeugt der Einzelne seine schöpferische Mitwirkung am Leben, denn wir wissen, dass nach dem Naturgesetz der Tod die Folge des von sich Gebens einer vervielfältigenden Kraft ist: indem der Mensch also schafft, wirkt und erzeugt, vernichtet er sich selbst, sein Leben ist demnach ein beständiges sich selbst Tödten zu Gunsten eines neuen, vervielfältigten und bereicherten,

was von ihm ausgeht, und somit ist der endliche
Tod nur das gänzliche von sich Geben des entleer-
ten Behältnisses, jener zeugenden Kraft, also ein
letztes Schaffen selbst, nämlich das Aufheben eines
unproductiven Egoismus, somit ein Raumgeben an
das Leben. Sind wir uns dessen bewusst und schaffen
wir in diesem Bewusstsein, so sind wir eben Gott
selbst, nämlich die Bethätigung der ewigen Liebe;
und das letzte beglaubigende Siegel unsrer Gottschaft
drücken wir auf dieses Wirken durch den Tod, das
höchste Opfer der Liebe, nämlich das Opfer unsres
persönlichen Sein's selbst zu Gunsten des Allgemeinen.
Der Tod ist somit die vollendetste That der Liebe:
er wird uns dazu durch das Bewusstsein unsres
Lebens in der Liebe. —-

IV. Jesus: »so lange ich noch lebe, seid ihr
im Ungewissen über mich, denn ihr seid noch
unklar darüber und eure Wünsche sind darüber
uneinig, was ich thun könnte: wenn ich nicht
mehr sein werde, werdet ihr über mich zur Klarheit kommen, denn ihr wisset dann, was ich gethan
habe.«

Egoismus ist Nehmen oder Empfangen — die
Entäusserung desselben in der Liebe ist Geben und
Mittheilen.

Nichts ist uns vorhanden als was im Bewusstsein des Menschen vorhanden ist. — Dem Ich steht das Allgemeine gegenüber: das Ich ist mir das Positive, das Allgemeine ist mir das Negative, denn jede Anforderung des Allgemeinen an mich ist eine Verneinung meines Ich's. Indem ich mir nur etwas bin, ist mir das Allgemeine Nichts; — nur in dem Maasse, als ich mich meines Ich's entäussere und in dem Allgemeinen aufgehe, wird mir das Allgemeine Etwas, weil ich mit dem Ich, dem mir einzig gewissen Etwas, in ihm bin: der Process der Entäusserung meines Ich's zu Gunsten des Allgemeinen ist die Liebe, das thätige Leben selbst: das unthätige Leben, in welchem ich bei mir bleibe, ist der Egoismus. Durch die Liebe gebe ich mich an das ausser mir Liegende, setze meine Kraft in das Allgemeine, mache mir somit das Nichts zu einem Etwas, nämlich durch mich selbst, der ich nun in ihm bin, und zwar in dem Maasse, als ich durch die Liebe mich meines Ich's entäussere. Die vollständigste Entäusserung meines Ich's geschieht durch den Tod; — indem ich nämlich mein Ich vollständig aufhebe, somit zum Nichts mache, gehe ich vollständig in das Allgemeine auf, das nun vollständig Etwas ist und sich durch meinen Tod so zu mir verhält, wie ich mich durch meine Geburt zu ihm verhielt. (Ein gestorbener Vater ist durch seinen Tod vollständig in das Allgemeine seiner Kinder, ihrer Leiber, Sitten und Thun aufgegangen.)

»Jeder Mensch lebt in der Liebe, all sein Thun ist in ihr begriffen, denn sein Leben selbst ist die fortschreitende Entäusserung seines Ich's. Der Ersatz für den Verlust an seinem Ich wird ihm aber nur durch das Bewusstsein seines Aufgehens in der Allgemeinheit, denn nur durch das Wissen davon findet er sich im Allgemeinen wieder, und zwar bereichert und vervielfältigt; dieses Bewusstsein von sich oder besser: dieses Bewusstwerden seiner im Allgemeinen macht unser Lieben schöpferisch, weil wir durch das von uns Geben eben die Allgemeinheit und in ihr uns selbst bereichern; das Nichtwissen oder das Sichnichtbewusstwerden im Allgemeinen bringt die Sünde hervor, nämlich die Verkümmerung unsrer selbst: der Mensch, der im Nichtbewusstwerden seines Aufgehens in die Allgemeinheit, sich als reiner Egoist erhalten könnte, nämlich nur stets empfangen und nehmen wollte, muss seiner Natur nach doch dem Eingriffe der Aussenwelt auf sich nachgeben, sie wird von ihm nehmen und empfangen, was er zu geben und mitzutheilen verweigert; das Moment der Liebe wird hier Hass und Raub, und der lieblose Egoist wird die Aussenwelt als seinen entschiedensten Feind betrachten, da er mit Bewusst-

sein in ihr aufzugehen nicht vermag: endlich muss
er sich im Tod ihr doch zum Opfer bringen, und er
ist wirklich todt, weil er gegen seinen Willen, ohne
Wissen und ohne darin sich wiedergefunden zu haben
in das Allgemeine aufgegangen ist. Die Bereicherung
des Allgemeinen kann aber auch nur mein Wissen
von meinem Aufgehen in ihm sein: vom Egoisten
empfängt es daher in Wahrheit nichts.

Das Weib. Das Wesen des Weibes ist, gleich
dem der Kinder, der Egoismus: das Weib giebt nicht,
sondern es empfängt, oder giebt das Empfangene
nur wieder. Wie das Kind bis zu seiner Reife in
sich unvollkommen ist und nur in der Erwiderung
der Älternliebe irgend eine Thätigkeit bezeigen kann,
so ist das Weib in sich unvollkommen, und kann nur
in der Erwiderung der Liebe des Mannes zur Thätigkeit gelangen: in seinem Aufgehen in den Mann,
dessen Liebe es empfängt, findet es die einzige Mög-
lichkeit der Mitentäusserung seines Egoismus an die
Allgemeinheit, nämlich in den Kindern und in seinem
Geben an die Kinder: das Gebären der Kinder und
sein Geben an sie ist aber immer nur ein Wiedergeben des Empfangenen. Der wirkliche Antheil des
Weibes an der Geburt ist ausser dem Empfangen
der Schmerz des Gebärens selbst: hierin liegt das
leidende Wesen des Weibes und sein Verdienst, näm-

lich eine leidende Entäusserung seines Egoismus, und
in der Liebe zu den Kindern findet diese Entäusserung
ihre Vollendung. Somit gelangt das Weib zur Thätigkeit aber nur durch den Mann; sie entäussert sich
ihres Egoismus durch das Wiedergeben des Empfangenen, nicht durch das wirkliche Geben, und in
ihrem empfangenden Aufgehen im Manne und ihrem
wiedergebenden in den Kindern, kann sie einzig zum
bewussten Aufgehen in die Allgemeinheit gelangen.
Daher ist das Weib mit dem Manne Eins und kann
nur in seinem Aufgehen im Mann als sittlich be-
stehend gedacht werden: die Frau ist aber auch die
Ergänzung des Mannes, sein Geben an sie ist die
erste Entäusserung seines Egoismus, ohne welche ihm
sein erzeugendes Aufgehen in die Allgemeinheit unmöglich sein würde. Sehr richtig sagt daher Jesus:
Mann und Weib sind Ein Fleisch, Gott (die Liebe)
hat sie zu Eins verbunden und ihre Trennung ist un-
statthaft, weil unmöglich; nämlich er sagt: So war
es von Anfang — d. h. so ist das Gesetz der Natur.
Die erste Sünde wider dies Gesetz wäre eine Ehe
ohne Liebe, denn in ihr löst sich der Egoismus nicht
auf, sondern verhärtet sich durch Zwang unauf-
lösbar.

Die Unschuld ist der vollkommene Egoismus,
denn sie empfängt nur und giebt nicht: Adam lebte

in der Unschuld, so lange er nur empfing; die erste
Entäusserung seines Egoismus durch die zeugende
Liebe, war der Sündenfall, nämlich das Heraustreten
des Einzelnen ausser sich, somit der hierin bedungene
Fortschritt zur vollständigen Aufhebung des Egoismus
im Tod, d. i. Selbstvernichtung. (Der Stand der Unschuld konnte den Menschen nicht eher zum Bewusstsein kommen, als bis sie ihn verloren hatten.
Dies Zurücksehnen nach ihm, das Ringen nach seiner
Wiedererlangung ist die Seele aller Civilisationsbe-
wegung, seitdem wir die Menschen aus der Sage
und Geschichte kennen. Dies ist der Drang, aus
einer uns feindlich erscheinenden Allgemeinheit zur
egoistischen Befriedigung in uns selbst zu gelangen
u. s. w.) Dies Verneinen seiner selbst musste solange dem Menschen als ein Unseliges, Schädliches
und Böses, und seine endliche Consequenz: der Tod,
als ein Fluch erscheinen, als der Mensch sich seines
vervielfältigten Aufgehens in der Allgemeinheit nicht
freudig bewusst ward. Die Nothwendigkeit des Auf-
hörens des persönlichen Seins musste demjenigen als
ein Böses erscheinen, der der reichen Entschädigung
dieses Verlustes nicht inne ward. Vom Anfang ist
diese Klage nicht vorhanden gewesen, denn im reinen Patriarchat fühlt sich der Vater in seinem Aufgehen in seiner Nachkommenschaft befriedigt: erst

die Israeliten Ägyptens in ihrer Sclaverei und Ent-
sittlichung erhoben diese Klage, weil in der zerrüt-
teten Familie und der geknechteten Stammgenossen-
schaft jene Entäusserung des Egoismus nur durch
ein Aufgehen in eine ungeliebte, jammervolle Allgemeinheit — die ihrer geknechteten Familie — vor
sich gehen musste. Der Egoismus kann sich nur in
der Freude am Leben gern seiner entäussern; gilt
mir das Leben selbst als ein freudeloses, so kann
ich in der Vermehrung und Vergrösserung — Erhaltung dieses freudelosen Zustandes natürlich keine Befriedigung finden, sondern wünsche mich in den
Stand der Unschuld zurück, nämlich des unthätigen,
unproductiven Egoismus. In dieser unfreudigen Entäusserung meiner selbst finde ich mein Elend ver-
mehrt: meine Leibessprossen werden mir eine Last,
die ich lieber nicht geboren wünschte; so weicht die
Liebe aus der Thätigkeit, und die natürlichste Befriedigung derselben im Vaterverhältnisse wird in das
Gegentheil verwandelt: die Befriedigung des Zeugungs-
triebes wird zur gemeinen Wollust, das Dasein der
Kinder zur Last, das Leben ein liebeloses Sorgen,
und so der Tod ein Fluch, weil er die Aufhebung
des Einzigen ist, was wir begriffen, nämlich des Ich's.
In dieser Welt egoistischen Sehnens und Unbehagens
entstand das Gesetz: in ihm sollte sich der Mensch

seines Egoismus' entäussern zu Gunsten eines Allgemeinen, aus dem die Liebe, d. h. das beseligende
Bewusstsein der Liebe entschwunden war, nämlich:
des Besitzes; das Gesetz selbst konnte aber die Liebe
nicht ersetzen, denn es war der Zwang, die Nöthigung
zum Gemeinnützlichen; nur wer in seiner Befolgung
seinen Nutzen fand, handelte nach ihm; die gesetz-
mässige Handlung war aber nicht die That der Liebe,
denn diese kann nur aus freiem Willen vollbracht
werden, sondern die That des Egoismus, der sich im
Gesetz befriedigt und geschützt fand: die freie Liebe
konnte sich nur ausser dem Gesetze, also gegen das
Gesetz, kundgeben. Die Liebe ist aber mächtiger
als das Gesetz, denn sie ist das Urgesetz des Lebens,
— aber ihre Äusserung musste so lange als Sünde,
d. i. Gesetzesbruch erscheinen, als der Urzustand,
in welchem das Gesetz der Liebe einzig waltete,
nicht wieder hergestellt war, und nur im vollsten
Bewusstsein war durch Jesus das wieder zu ge-
winnen, was wir durch unvollständiges Bewusstsein
davon verloren hatten: die Liebe ward durch Jesus'
Verkündigung nämlich aus der Familie über das ganze
Menschengeschlecht ausgedehnt.

Der Lieblose bleibt stets im Egoismus und geht
im Tod für sich vollständig unter: die Bewegung des
Lebens, die Entäusserung seines Lebensstoffes geht

5

nämlich wider seinen Willen vor: was er will, kann
er nicht vollbringen, sondern was er nicht will, muss
er an sich vollbracht seh'n; er bleibt daher leidend
bis zum Tode: nur wer seinen freien Willen in die
Entäusserung seines Lebensstoffes setzt, geräth mit
Bewusstsein in das Allgemeine und lebt somit vervielfältigt und erweitert in ihm fort: die Entäusserung
meiner selbst ist die Liebe und in dem Geliebten
finde ich mich wieder. Dies ist die Unsterblichkeit,
die in meinem freien Willen liegt: denn der Egoist
setzt seinen Willen seiner nothwendigen Selbstent-
äusserung entgegen, und geht daher in sich zu Ende
mit dem Tode, — wogegen der Universalist durch
seinen Willen in der Allgemeinheit sein erweitertes
Fortleben erreicht.

Das Leben des Menschen ist Entwickelung im
Egoismus und Wiederentäusserung desselben zu Gunsten der Allgemeinheit.

Bis zur erlangten Reife des Menschen begreift
dieser die Natur nur als im Bezuge zu sich: jeder
Eindruck der Natur geht in seinem Egoismus auf,
denn der Heranreifende empfängt nur; nur das Empfangene wird ihm begreiflich, und zwar nur an sich,
seinem Ich selbst: die Natur, soweit sie ausser ihm
ist, ist ihm daher Nichts, nur sein Ich ist ihm Etwas.
Erst nach erlangter Reife, wenn der Mensch in der

Liebe sich seiner selbst wieder entäussert, wird ihm die Natur in dem Maasse Etwas als er sich in sie hineinversenkt, denn durch die Liebe geht er aus sich und findet sich im Gegensatze wieder. Daher auch das Verständniss der Natur erst durch die Liebe.

(»Und wenn ich alle meine Habe den Armen gäbe und liesse meinen Leib brennen, und hätte der Liebe nicht, so wäre mir's nicht nütze.« (I. Cor. XIII. 3.))

(»Der geistliche Leib ist nicht der erste, sondern der natürliche, darnach der geistliche.« (I. Cor. 15. v. 46.) Der geistliche Leib ist mein Leben in der Allgemeinheit.)

(Sehr auszuführen.) Das Gesetz stehet statt der Allgemeinheit, also zwischen mir und dem Allgemeinen: mein bereichertes Aufgehen in das Allgemeine, ward nun ein Aufgehen in das Gesetz, also eine Bereicherung des Todes, denn das Gesetz verdrängt das Leben: das Gesetz ist die Lieblosigkeit, und selbst da, wo es die Liebe gebieten würde, würde ich in seiner Befolgung nicht Liebe üben, denn die Liebe handelt nur nach sich selbst, nicht nach einem Gebot. Die Versöhnung der Welt ist daher nur durch Aufhebung des Gesetzes zu bewirken, welches den Einzelnen von seiner freien Entäusserung seines Ich's an die Allgemeinheit abhält, ihn von ihr trennt. —

(Eph. II. 14. — Denn er ist unser Friede, der aus Beiden (Gott und dem Menschen, d. i. dem Allgemeinen und dem Einzelnen) Eines gemacht, und hat abgebrochen den Zaun, der dazwischen war, in (IV) dem, dass er durch sein Fleisch wegnahm die Feindschaft, — nämlich das Gesetz, so in Geboten gestellet war, auf dass er aus zweien Einen neuen Menschen in ihm selber schaffete (d. i. den in der Allgemeinheit sich mit Bewusstsein wiederfindenden Einzelnen) und Friede machete, und dass er Beide versöhnete mit Gott in Einem Leibe durch das Kreuz, und hat die Feindschaft getödtet durch sich selbst.)

III.

Zum I. Akt.

Matth. V. 2. Auf dass ihr Kinder seid eures Vaters im Himmel; denn er lässt seine Sonne aufgehen über die Bösen und über die Guten, und lässt regnen über Gerechte und Ungerechte. — Darum sollt ihr vollkommen sein, gleichwie euer Vater im Himmel vollkommen ist. (XI.) »Was seid ihr hinausgegangen in die Wüsten zu sehen? wolltet ihr ein Rohr sehen, das der Wind hin und her weht? Oder was seid ihr hinausgegangen zu sehen? Wolltet ihr einen Menschen in weichen Kleidern sehen? Siehe die da weiche Kleider tragen, sind in der Könige Häusern. U. flg. — Wem soll ich aber dies Geschlecht vergleichen? etc. — Johannes ist kommen, ass nicht und trank nicht; so sagen sie: er hat den Teufel. Des Menschen Sohn ist kommen, isset und trinket; so sagen sie: siehe, wie ist der Mensch ein Fresser

und Weinsäufer, der Zöllner und Sünder Geselle!
Und die Weisheit muss sich rechtfertigen lassen von
ihren Kindern.

Ich preise dich, Vater und Herr Himmels und der Erden, dass du solches den
Weisen und Klugen verborgen hast, und
hast es den Unmündigen offenbaret. (Siehe
unter Lucas X.)

Kommet her zu mir, die ihr müheselig und beladen seid, ich will euch erquicken. Nehmet auf
euch mein Joch und lernet von mir, denn ich bin
sanftmüthig und von Herzen demüthig; so werdet ihr
Ruhe finden für eure Seelen. Denn mein Joch ist
sanft und meine Last ist leicht.

(XII.) Des Menschen Sohn ist ein Herr auch über
den Sabbath: — »Ist's auch recht am Sabbath zu
heilen?« Aber er sprach zu ihnen: »Welcher ist unter
euch, so er ein Schaf hat, das ihm am Sabbath in
eine Gruben fällt, das er nicht ergreife und aufhebe? Wie viel besser ist nun ein Mensch denn ein
Schaf? Darum mag man wohl am Sabbath Gutes
thun.«

Da sprach einer zu ihm: »Siehe, Deine Mutter
und deine Brüder stehen draussen und wollen mit
dir reden.« Jesus: »Wer ist meine Mutter? und wer
sind meine Brüder?« und recket seine Hand aus über

seine Jünger und sprach: »Siehe da, das ist meine
Mutter und meine Brüder. (Denn wer den Willen
thut meines Vaters im Himmel, derselbige ist mein
Bruder, Schwester und Mutter.)«

(XV.) Pharisäer: »Warum übertreten deine
Jünger der Ältesten Aufsätze? sie waschen ihre Hände
nicht, wenn sie Brod essen. Jesus: »Warum über-
tretet denn ihr Gottes Gebot um eurer Aufsätze willen?
Gott hat geboten: Du sollst Vater und Mutter ehren;
wer aber Vater und Mutter fluchet, der soll des
Todes sterben. Aber ihr lehret: wer zum Vater
oder Mutter spricht, wenn ich's opfre, so ist's dir
viel nützer; der thut wohl. Damit geschieht es,
dass Niemand hinfort seinen Vater oder seine Mutter
ehret, und habt also Gottes Gebot aufgehoben um
eurer Aufsätze willen.« »Was zum Munde eingehet,
das verunreinigt den Menschen nicht, sondern was
zum Munde ausgehet, das verunreinigt den Menschen.
— Da traten die Jünger zu ihm und sagten: »weisst
du auch, dass sich die Pharisäer ärgerten, da sie
das Wort höreten?« Jesus: »Alle Pflanzen, die mein
himmlischer Vater nicht pflanzet, die werden ausge-
reutet. Lasset sie fahren« etc. —

(XIX.) Ist's auch recht, dass sich ein Mann
scheidet von seinem Weibe um irgend einer Ursache?
Jesus: »Habt ihr nicht gelesen, dass, der im Anfange

den Menschen gemacht hat, der macht, dass ein
Mann und Weib sein sollte? Darum wird ein Mensch
Vater und Mutter verlassen und an seinem Weibe
hangen, und werden die zwei Ein Fleisch sein. So
sind sie nun nicht zwei, sondern Ein Fleisch. Was
nun Gott zusammengefüget hat, das soll der Mensch
nicht scheiden.« — Da sprachen sie: »warum hat
denn Moses geboten, einen Scheidebrief zu geben
und sich von ihr zu scheiden?« Jesus: »Moses hat
euch erlaubt, zu scheiden von euren Weibern von
eures Herzens Härtigkeit wegen; vom Anbeginn
aber ist's nicht also gewesen.« Und folgende V. —
Vers 16 bis Ende: Auftritt mit dem reichen Jüngling.

(XXII.) Meister wir wissen, dass du wahr-
haftig bist und lehrest den Weg Gottes recht
und du fragest nach Niemand, denn du
achtest nicht das Ansehen der Menschen.
Darum sage uns, was dünkt dich? Ist es
recht, dass man dem Kaiser Zins gebe oder
nicht?

Marc. (II.) Der Sabbath ist um des Menschen
Willen gemacht, und nicht der Mensch um des
Sabbaths willen. (Vergl. Matth. XII.) — Alle Sünden werden vergeben den Menschenkindern, auch
die Gotteslästerung, damit sie Gott lästern; wer aber

den heiligen Geist lästert, der hat keine Vergebung
ewiglich, sondern er ist schuldig des ewigen Ge-
richts.

(Auch L u c. (IV.) Der Geist des Herrn ist bei mir, der-
II. Akt.) halben er mich gesalbet hat und gesandt zu ver-
kündigen das Evangelium den Armen, zu heilen die
zerstossenen Herzen, zu predigen den Gefangenen,
dass sie los sein sollen, und den Blinden das Gesicht, und den Zerschlagenen, dass sie frei und ledig
sein sollen, und zu predigen das angenehme Jahr
des Herrn.

(V.) Warum esset und trinket ihr mit Sündern
und Zöllnern? »Die Gesunden bedürfen des Arztes
nicht, sondern die Kranken,« — Warum fasten Jo-
hannis Jünger so oft und beten so viel, desselbigen
gleichen der Pharisäer Jünger, aber deine Jünger
essen und trinken? — J.: »Ihr möget die Hochzeitleute nicht zum Fasten treiben, so lange der Bräutigam
bei ihnen ist. Es wird aber die Zeit kommen, dass
der Bräutigam von ihnen genommen wird, dann
werden sie fasten.«

(VI. 32.) So ihr liebet, die euch lieben, was
Danks habt ihr davon? denn die Sünder lieben auch
ihre Liebhaber. Und wenn ihr euren Wohlthätern
wohlthut, was Danks habt ihr davon? denn die Sünder thun dasselbige auch. Und wenn ihr leihet,

von denen ihr hoffet zu nehmen, was Dank's habt ihr davon? Denn die Sünder leihen den Sündern auch, auf dass sie Gleiches wieder nehmen. (U. ff.) Gebet, so wird euch gegeben. Ein voll, gedrückt, gerüttelt und überflüssig Maass wird man in euren Schooss geben, denn mit eben dem Maass, da ihr mit messet, wird man euch wieder geben.

Luc. (X.) Selig sind die Augen, die da sehen das ihr sehet. Denn ich sage euch, viele Propheten und Könige wollten sehen, das ihr sehet und habens nicht gesehen, und hören, dass ihr höret, und habens nicht gehöret.

(XI.) Ein Weib aus dem Volke: (M. M.?) »Selig ist der Leib, der dich getragen hat, und die Brüste, die du gesogen hast!« Jesus: »Ja, selig sind, die das Wort Gottes hören und bewahren.«

(XIX.) Der Zöllner: »Siehe Herr, die Hälfte meiner Güter gebe ich den Armen, und so ich Jemand betrogen habe, das gebe ich vierfältig wieder. Jesus: »Heute ist diesem Hause Heil wiederfahren, denn des Menschen Sohn ist kommen, zu suchen und selig zu machen, das verloren ist.«

Johannes VIII. (Ehebrecherin.)

Ap. Gesch. (X.) »Oh nein, Herr, denn ich habe noch nie etwas Gemeines oder Unreines gegessen.«

Jesus: »Was Gott gereinigt hat, das mache du nicht gemein.«

(XX.) Denn Geben ist seliger denn Nehmen. (Gegensatz zu: du sollst nicht stehlen!)

Römer (XIII). Alle Gebote sind in dem Wort: du sollst Deinen Nächsten lieben als dich selbst. Die Liebe thut dem Nächsten nichts Böses. So ist nun die Liebe des Gesetzes Erfüllung.

(Akt I oder II.) I. Cor. (XII. 18.) Nun hat aber Gott die Glieder gesetzt, ein jegliches sonderlich am Leibe wie er gewollt hat. (Alle folgenden Verse sehr wichtig.) Folgt cap. XIII: wenn ich mit Menschen- und Engelzungen redete und hätte der Liebe nicht, so wäre ich ein tönend Erz, oder eine klingende Schelle. Vers 2. — dann 3: und wenn ich alle meine Habe den Armen gäbe und liesse meinen Leib brennen und hätte der Liebe nicht, so wäre mirs nichts nütze.

(Auch Akt III.) Gal. (III.) Also ist das Gesetz unser Zuchtmeister gewesen auf Christum, dass wir durch den Glauben gerecht würden. Nun aber der Glaube kommen ist, sind wir nicht mehr unter dem Zuchtmeister. Denn ihr seid alle Gottes Kinder durch den Glauben an Jesu.

Eph. Ein Gott und Vater Aller, der da ist über euch Alle und durch euch Alle und in euch Allen.

V. Also sollen auch die Männer ihre Weiber lieben als ihre eigenen Leiber. Wer sein Weib liebet, der liebet sich selbst. Denn Niemand hat jemals sein eigen Fleisch gehasset, sondern er nähret es und pfleget sein, gleichwie auch der Herr die Gemeine. Denn wir sind Glieder seines Leibes, von seinem Fleisch und seinem Gebeine. Folg.

II. Tim. (III.) Verräther, Frevler, aufgeblasen, störrig, unversöhnlich; die da haben den Schein eines gottseligen Wesens, aber seine Kraft verläugnen sie. Aus denselbigen sind, die hin und wieder in die Häuser schleichen und führen die Weiblein gefangen, die mit Sünden beladen sind, und mit mancherlei Lüsten fahren, lernen immerdar und können nimmer zur Erkenntniss der Wahrheit kommen.

ep. Joh. Ich bringe euch nicht ein neu Gebot, sondern das alte Gebot, das ihr habt von Anfang gehabt, wer aus Gott geboren ist, der thut nicht Sünde, denn sein Same bleibet bei ihm, und kann nicht sündigen, denn er ist von Gott geboren. Wer aber seinen Bruder nicht liebt, der ist nicht von Gott.

Wir wissen, dass wir aus dem Tode in das Leben gekommen sind, denn wir lieben die Brüder.

Wer den Bruder nicht liebet, der bleibet im Tode. U. folg.

Meine Kindlein, lasset uns nicht lieben mit Worten noch mit Zungen, sondern mit der That und mit der Wahrheit. — Wenn aber Jemand dieser Welt Güter hat und siehet seinen Bruder darben, und schleusst sein Herz vor ihm zu, wie bleibet die Liebe Gottes bei ihm?

Furcht ist nicht in der Liebe, sondern die völlige Liebe treibet die Furcht aus, denn die Furcht hat Pein. Wer sich aber fürchtet, der ist nicht völlig in der Liebe.

Zum II. Akt.

Matth. (V.) (Siehe unten Lucas.) Selig sind, die da geistlich arm sind, denn das Himmelreich ist ihr. Selig sind, die da Leid tragen, denn sie sollen getröstet werden. Selig sind die Sanftmüthigen, denn sie werden das Erdreich besitzen. Selig sind, die da hungert und dürstet nach der Gerechtigkeit, denn sie sollen satt werden. Selig sind die Barmherzigen, denn sie werden Barmherzigkeit erlangen. Selig sind, die reines Herzens sind, denn sie werden Gott schauen. — Selig sind, die um Gerechtigkeit willen verfolget werden, denn das Himmelreich ist ihr. Selig seid ihr, wenn euch die Menschen um meinetwillen schmähen und verfolgen und reden allerlei Übels wider euch, so sie daran lügen. — Ihr seid das Licht der Welt. Es mag die Stadt, die auf einem Berge liegt, nicht verborgen sein.

(Auch Akt I.) (VI.) Und wenn ihr betet, sollt ihr nicht plappern wie die Heiden; denn sie meinen, sie werden erhöret, wenn sie viel Worte machen. Darum sollt ihr auch ihnen nicht gleichen. Euer Vater weiss, was ihr bedürft, ehe denn ihr bittet. — Ihr sollt auch nicht Schätze sammeln auf Erden, da sie die Motten und der Rost fressen, und da die Diebe nach graben und stehlen. Sammelt euch aber Schätze im Himmel, da sie weder Motten noch Rost fressen, und da die Diebe nicht nach graben und stehlen; denn wo euer Schatz ist, da ist auch euer Herz. — — Niemand kann zweien Herren dienen; entweder er wird einen hassen und den andern lieben, oder er wird einem anhangen und den anderen verachten. Ihr könnt nicht Gott dienen und dem Mammon. Darum sage ich euch: sorget nicht für euer Leben, was ihr essen und trinken werdet, auch nicht für euern Leib, was ihr anziehen werdet. Ist nicht das Leben mehr denn die Speise? und der Leib mehr denn die Kleidung? Sehet die Vögel unter dem Himmel an, sie säen nicht, sie ärnten nicht, sie sammeln nicht in die Scheunen und euer himmlischer Vater nähret sie doch. Seid ihr denn nicht viel mehr denn sie? Wer ist unter euch, der seiner Länge eine Elle zusetzen möge, ob er gleich darum sorget? (Kein Mensch kann in sich reicher werden als er ist, aber in seinen Brüdern kann er mehr denn tausendfältig das werden, was er ist.) Und folgende Verse. —

(VII.) Richtet nicht, auf dass ihr nicht gerichtet werdet. (XVIII.) Sündiget aber dein Bruder an dir, so gehe hin und strafe ihn zwischen dir und ihm alleine. Höret er dich, so hast du deinen Bruder gewonnen; höret er dich nicht, so nimm noch einen oder zween zu dir, auf dass alle Sache bestehe auf zweier oder dreier Zeugen Munde. Höret er die nicht, so sage es der Gemeine; höret er die Gemeine nicht, so halte ihn als einen Heiden und Zöllner.

(VIII.) Jesus sprach zu ihm: »Die Füchse haben Gruben, und die Vögel unter dem Himmel haben Nester: aber des Menschen Sohn hat nicht, da er sein Haupt hinlege.« — »Folge du mir, und lass die Todten ihre Todten begraben.«

(IX.) Und da er das Volk sahe, jammerte ihn desselbigen; denn sie waren verschmachtet und zerstreuet, wie die Schafe, die keinen Hirten haben.

Da sprach er zu seinen Jüngern: »die Ärnte ist gross, aber wenig sind der Arbeiter. Darum bittet den Herrn der Ärnte, dass er Arbeiter in seine Ärnte sende.«

(X.) Der Jünger ist nicht über seinem Meister, noch der Knecht über den Herrn. Es ist dem Jünger genug dass er sei wie sein Meister, und der Knecht wie sein Herr.

Und fürchtet euch nicht vor denen, die den Leib tödten und die Seele nicht mögen tödten. Fürchtet euch aber vielmehr vor dem, der Leib und Seele verderben mag in die Hölle.

(Auch IV.) Ihr sollt nicht wähnen, dass ich kommen sei, Friede zu senden auf Erden. Ich bin nicht gekommen Friede zu senden, sondern das Schwert. Denn ich bin gekommen, den Menschen zu erregen wider seinen Vater, und die Tochter wider ihre Mutter, und die Schnur wider ihren Schwieger; und der Menschen Feinde werden seine eignen Hausgenossen sein. Wer Vater oder Mutter mehr liebet, denn mich, der ist meiner nicht werth, und wer Sohn und Tochter mehr liebt denn mich, der ist meiner nicht werth, und wer nicht sein Kreuz auf sich nimmt und folget mir nach, der ist meiner nicht werth.

(XI.) Die Blinden sehen und die Lahmen gehen,

die Aussätzigen werden rein und die Tauben hören, die Todten stehen auf und den Armen wird das Evangelium gepredigt; und selig ist, der sich nicht an mir ärgert.

(XIII.) Darum rede ich zu ihnen durch Gleichnisse, denn mit sehenden Augen sehen sie nicht, und mit hörenden Ohren hören sie nicht, denn sie verstehen es nicht.

Ich will meinen Mund aufthun in Gleichnissen und will aussprechen die Heimlichkeiten von Anfang der Welt.

(I.) (XVIII.) (Vom Anfang.) Jesus: »Weh der Welt der Ärgerniss halben! Es muss ja Ärgerniss kommen, doch wehe dem Menschen, durch welchen Ärgerniss kommt! So aber deine Hand oder dein Fuss dich ärgert, so haue ihn ab und wirf ihn von dir.« Etc.

(XX.) (Streit wegen Bevorzugung unter den Jüngern.)

Lucas (VI.) Selig seid ihr, die ihr hungert, denn ihr sollt satt werden. Selig seid ihr, die ihr hier weinet, denn ihr werdet lachen. Selig seid ihr, so euch die Menschen hassen und absondern und schelten euch, und verwerfen euren Namen als einen boshaftigen um des Menschen Sohnes Willen. Freuet euch alsdann und hüpfet, denn siehe euer Sohn ist

gross im Himmel. Desgleichen thaten ihre Väter den
Propheten auch. Aber dagegen weh euch Reichen,
denn ihr habt euren Trost dahin. Weh euch, die
ihr voll seid, denn euch wird hungern. Weh euch,
die ihr hier lachet, denn ihr werdet weinen und
heulen. Weh euch, wenn euch Jedermann wohl
redet, desgleichen thaten ihre Väter den falschen
Propheten auch. — Aber ich sage euch, die ihr zu-
höret, liebet eure Feinde etc.

(XIII.) Sehet zu und hütet euch vor dem Geiz,
denn Niemand lebet davon dass er viel Güter hat!
— Es war ein reicher Mensch, des' Feld hatte wohl
getragen und er gedachte bei ihm selbst und sprach:
was soll ich thun? ich habe nicht da ich meine
Früchte hinsammle, und sprach: das will ich thun;
ich will meine Scheunen abbrechen und grössere
bauen, und will drein sammeln Alles, was mir gewachsen ist und meine Güter, und will sagen zu
meiner Seelen: liebe Seele, du hast einen grossen
Vorrath auf viel Jahr, habe nun Ruhe, iss, trink
und habe guten Muth. Aber Gott sprach zu ihm:
du Narr, diese Nacht wird man deine Seele von dir
fordern, und wess wirds sein, das du bereitet hast? —

(XII.) Ich bin kommen, dass ich ein Feuer an-
zünde auf Erden; was wollt ich lieber, denn es
brennete schon. Aber ich muss mich zuvor taufen

lassen mit einer Taufe, und wie ist mir so bange,
bis sie vollendet werde! Meinet ihr dass ich herkommen bin, Frieden zu bringen. u. s. w.. S. d.
folg. V. —

(Auch   (XVII.) Zuvor aber muss er viel leiden und ver-
Akt VI.)worfen werden von diesem Geschlechte.

»Gedenket an Lot's Weib!«

(Auch   (XXII.) Es erhub sich ein Zank unter ihnen, wel-
Akt IV.)cher unter ihnen sollte für den grössten gehalten
werden. Jesus: »die weltlichen Könige herrschen
und die Gewaltigen heisset man gnädige Herren.
Ihr aber nicht also, sondern der Grösseste unter
euch soll sein wie der Jüngste und der Vornehmste,
wie ein Diener. Denn wer ist der Grösste? der zu
Tische sitzt oder der da dienet? ist's nicht also, dass
der zu Tische sitzt? ich aber bin unter euch wie
ein Diener.«

Joh. (I.) (zur Mutter) Welche nicht von dem Ge-
blüt, noch von dem Willen des Fleisches, noch von
dem Willen eines Mannes, sondern von Gott geboren sind.

(V.) Ich nehme nicht Ehre von Menschen, aber
ich kenne euch, dass ihr nicht Gottes Liebe in euch
habt.

(VII.) Da sprachen seine Brüder zu ihm: »Mache
dich auf von dannen und gehe in Judäam, auf dass

auch deine Jünger sehen die Werke, die du thust.
Niemand thut etwas im Verborgenen, und will doch
frei offenbar sein. Thust du solches, so offenbare
dich vor der Welt.« — Etc.

Röm. (II.) Denn so die Heiden, die das Gesetz
nicht haben und doch von Natur thun des Gesetzes
Werk; dieselbigen, dieweil sie das Gesetz nicht
haben, sind sie ihnen selbst ein Gesetz, damit dass
sie beweisen des Gesetzes Werk sei beschrieben in
ihren Herzen, sintemal ihr Gewissen sie bezeuget,
dazu auch die Gedanken, die sich unter einander
verklagen und entschuldigen etc.

(VII.) Nun aber sind wir vom Gesetz los
und ihm abgestorben, das uns gefangen hielt,
also, dass wir dienen sollen im neuen Wesen
des Geistes, und nicht im alten Wesen des
Buchstabens. Folg.

Cor. (I.) Sondern was thöricht ist vor
der Welt, das hat Gott erwählet, dass er die
Weisen zu schanden machet, und was schwach
ist vor der Welt, das hat Gott erwählet, dass
er zu schanden machet was stark ist; und
das Unedle vor der Welt, und das Verachtete
hat Gott erwählet, und das da Nichts ist, dass
er zu nicht machet, was Etwas ist, auf dass
sich vor ihm kein Fleisch rühme.

(III.) Wisset ihr nicht, dass ihr Gottes Tempel seid, und der Geist Gottes in euch wohnet? So Jemand den Tempel Gottes verderbet, den wird Gott verderben, denn der Tempel Gottes ist heilig, der seid ihr. — Vergl. unten II. Cor. VI.

Darum rühme sich Niemand eines Menschen. Es ist Alles euer; es sei Paulus oder Apollo, es sei Kephas oder die Welt, es sei das Leben oder der Tod, es sei das Gegenwärtige oder das Zukünftige; Alles ist euer. Ihr aber seid Christi, Christus ist Gottes.

(IX.) Ein Jeglicher, der da kämpfet, enthält sich alles Dinges; jene also, dass sie eine vergängliche Krone empfahen, wir aber eine unvergängliche.

Ich suche nicht was mir, sondern was Vielen frommet.

II. Cor. (VI.) Ihr aber seid der Tempel des lebendigen Gottes, wie denn Gott spricht: ich will in ihnen wohnen, in ihnen wandeln, und will ihr Gott sein, und sie sollen mein Volk sein.

(VIII.) Denn so einer willig ist, so ist er angenehm, nach dem er hat, nicht nach dem er nicht hat. Nicht geschieht das der Meinung, dass die Anderen Ruhe haben und ihr Trübsal, sondern dass es gleich sei. So diene

euer Überfluss ihrem Mangel, auf dass auch
ihr Überschwang hernach diene eurem Mangel, und geschehe, das gleich ist, wie geschrieben steht: der viel sammlet, hatte nicht
Überfluss, und der wenig sammlet, hatte
nicht Mangel.

Auch
Akt I.)
Galater (V.). Ihr aber, lieben Brüder, seid zur
Freiheit berufen. Allein sehet zu, dass ihr durch
die Freiheit dem Fleisch nicht Raum gebet, sondern
durch die Liebe diene einer dem andren.

Eph. Bis dass wir alle hinankommen zu
einerlei Glauben und Erkenntniss, und ein
vollkommen Mann werden, auf dass wir nicht
mehr Kinder seien, und uns wägen und wie-
gen lassen von allerlei Wind der Lehre und
Schalkheit der Menschen und Täuscherei, damit sie uns erschleichen zu verführen.

Wer gestohlen hat, der stehle nicht mehr, sondern arbeite und schaffe mit den Händen etwas
Gutes, auf dass er habe zu geben den Dürftigen.

(VI.) Ziehet an den Harnisch Gottes etc.

1. Thessal. Nun ringet darnach, dass ihr stille
seid, und das Eure schaffet und arbeitet mit euren
eigenen Händen, wie wir euch geboten haben, auf
dass ihr ehrbarlich wandelt gegen die, die draussen
sind, und ihrer keines bedürfet.

I. Tim. (VI.) Denn wir haben nichts in die Welt gebracht, darum offenbar ist, wir werden auch nichts hinaus bringen. Wenn wir aber Nahrung und Kleidung haben, so lasset uns begnügen. Denn die da reich werden wollen, die fallen in Versuchung und Stricke, und viel thörichte und schädliche Lüste, welche versenken die Menschen ins Verderben und Verdammniss. Denn Geiz ist eine Wurzel alles Übels, welches Etliche gelüstet etc.

Jacobi. (V.) Wohlan nun ihr Reichen, weinet und heulet über euer Elend, das über euch kommen wird. Euer Reichthum ist verfaulet, eure Kleider sind mottenfressig worden. Euer Gold und Silber ist verrostet, und ihr Rost wird euch zum Zeugniss sein, und wird euer Fleisch fressen, wie ein Feuer. Ihr habt euch Schätze gesammelt an den letzten Tagen. Ihr habet verurtheilet den Gerechten und getödtet, und er hat euch nicht widerstanden.

Zum III. Akt.

Matth. (V.) Ihr sollt nicht wähnen, dass ich kommen bin das Gesetz und die Propheten aufzulösen. Ich bin nicht kommen aufzulösen, sondern zu erfüllen.

(IX.) Niemand flickt ein alt Kleid mit einem Lappen von neuem Tuch, denn der Lappe reisst doch wieder vom Kleide, und der Riss wird ärger. Man fasset auch nicht Most in alte Schläuche, anders die Schläuche zerreissen, und der Most wird verschüttet, und die Schläuche kommen um; sondern man fasset Most in neue Schläuche, so werden sie beide mit einander behalten.

(XVI.) Sie forderten, dass er sie ein Zeichen vom Himmel sehen liesse. Jesus: »des Abends sprecht ihr, es wird ein schöner Tag werden, denn der Himmel ist roth, und des Morgens sprecht ihr, es wird heute Ungewitter sein, denn der Himmel ist roth und trübe. Ihr Heuchler, des Himmels Gestalt könnet ihr urtheilen; könnet ihr denn nicht auch die Zeichen dieser Zeit urtheilen?« u. flg.

(XXI.) (Einzug in Jerusalem.)

Der Stein, den die Bauleute verworfen haben, der ist zum Eckstein worden. — Das Reich Gottes wird von euch genommen, und den Heiden gegeben werden, die seine Früchte bringen. Und wer auf diesen Stein fället, der wird zerschellen, auf welchen aber er fället, den wird er zermalmen.

(XXII.) Du sollt lieben Gott deinen Herrn von ganzem Herzen, von ganzer Seele, von ganzem Gemüthe. Dies ist das vornehmste und grösste Gebot. Das ander ist dem gleich: Du sollst deinen Nächsten lieben als dich selbst. In diesen zwein Geboten hanget das ganze Gesetz und die Propheten.

(XXIII.) Auf Moses Stuhle sitzen die Schriftgelehrten und Pharisäer; sie sagen das Gesetz, aber thun's nicht. Sie binden aber schwere und unträgliche Bürden und legen sie den Menschen auf den Hals; aber sie wollen dieselben nicht mit einem Finger regen. Folgende Verse.

Lucas. (XI.) Weh euch, denn ihr bauet der Propheten Gräber, eure Väter aber haben sie getödtet, und folg. Weh euch Schriftgelehrten, denn ihr den Schlüssel der Erkenntniss habt; ihr kommet nicht hinein und wehret denen, so hinein wollen.

(XIII.) Jerusalem, Jerusalem, die du tödtest die Propheten und steinigest, die zu dir gesandt werden, wie oft habe ich wollen deine Kinder versammeln, wie eine Henne ihr Nest unter ihre Flügel, und ihr habt nicht gewollt? Sehet, euer Haus soll euch wüste gelassen werden. Denn ich sage euch, ihr werdet mich nicht sehen, bis dass es komme,

dass ihr sagen werdet, gelobet ist, gelobet ist der
da kommt im Namen des Herrn.

(Auch
II.) (XVII.) »Wann kommt das Reich Gottes?«
»Das Reich Gottes kommt nicht mit äusser-
lichen Geberden. Man wird auch nicht sagen,
siehe, hie oder da ist es. Denn sehet, das
Reich Gottes ist inwendig in euch.«

(XIX.) »Meister, strafe doch deine Jünger!«
Jesus: »Ich sage euch, wo diese schweigen werden,
so werden die Steine schreien.« —

Johannes (I.): Das wahrhaftige Licht, welches
alle Menschen erleuchtet, die in diese Welt kommen.
Es war in der Welt, und die Welt ist durch dasselbige gemacht, und die Welt kannte es nicht. Er
kam in sein Eigenthum, und die Seinen nahmen ihn
nicht auf.

(VII.) Meine Rede ist nicht mein, sondern dess,
der mich gesandt hat. So Jemand will dess Willen
thun, der wird innen werden, ob diese Lehre von
Gott sei, oder ob ich von mir selbst rede. Und folg.
(sehr wichtig: von 26. Das ganze Kapitel.)

(VIII.) Auch steht in eurem Gesetz geschrieben,
dass zweier Zeugniss wahr sei. Ich bins, der ich
von mir selbst zeuge, und der Vater, der mich gesandt hat, zeuget auch von mir. Da sprachen sie
zu ihm: »Wo ist dein Vater?« Jesus: »Ihr kennet

weder mich noch meinen Vater; wenn ihr mich
kennetet, so kennetet ihr auch meinen Vater.«

Wer bist du denn? Jesus: »erstlich der, der
ich mit euch rede.« Etc.

»Freimachen.« (von 31 an das ganze Kapitel.)
Auch zu Akt I.)

(X.) »Ich und der Vater sind Eines!« Folgende Verse.

(XI.) 47 und folg. Zur Berathung der Priester
und Pharisäer.

Ap. Gesch. (XVII.) Nun verkündige ich euch
den Gott, dem ihr unwissend Gottesdienst thut. Gott,
der die Welt gemacht hat und Alles, was drinnen
ist, sintemal er ein Herr ist Himmels und der Erden,
wohnet er nicht in Tempeln mit Händen gemacht,
sein wird auch nicht mit Menschenhänden gepfleget,
als der Jemands bedürfe, so er selber Jedermann
Leben und Athem allenthalben giebt, und hat gemacht, dass von einem Blut aller Menschen Geschlecht auf dem ganzen Erdboden wohnen, und hat
Ziel gesetzt, zuvor versehen, wie lang und weit sie
wohnen sollen, dass sie den Herrn suchen sollten,
ob sie doch ihn fühlen und finden möchten. Und
zwar er ist nicht ferne von einem Jeglichen unter
uns, denn in ihm leben, weben und sind wir, als
auch etliche Poeten bei euch gesagt haben, wir sind

seines Geschlechtes. So wir denn göttliches Geschlecht sind, sollen wir nicht meinen, die Gottheit sei gleich den gülden, silbern, steinern Bildern, durch menschliche Gedanken gemacht. Röm. (III.) So halten wir es nun, dass der Mensch gerecht werde ohne des Gesetzes Werk alleine durch die (Liebe).

(X.) Denn sie erkennen die Gerechtigkeit nicht, die vor Gott gilt, und trachten ihre eigene Gerechtigkeit aufzurichten, und sind also der Gerechtigkeit, die vor Gott gilt, nicht unterthan. Denn Christus ist des Gesetzes Ende, wer an den glaubet, der ist gerecht.

(Zu Akt IV.) 1. Cor. (XV.) Darnach das Ende, wenn er das Reich Gott und dem Vater überantworten wird, wenn er aufheben wird alle Herrschaft und alle Oberkeit und Gewalt. Er muss aber herrschen, bis dass er alle seine Feinde unter seine Füsse lege. Der letzte Feind, der aufgehoben wird, ist der Tod. —

Galater (IV) 22 und folgende: Hagar-Sinai und Jerusalem. (Wichtig!)

Timoth. (VI.) — Schulgezänke solcher Menschen, die zerrüttete Sinne haben und der Wahrheit beraubt sind, die da meinen, Gottseligkeit sei ein Gewerbe.

(Auch Akt II.) Petri (II.). Sie achten für Wohllust das zeitliche Wohlleben, sie sind Schande und Laster, prangen von eurem Almosen, prassen mit dem euren; haben Augen voll Ehebruchs, lassen ihnen die Sünde nicht wehren, locken an sich die leichtfertigen Seelen, haben ein Herz durchtrieben mit Geiz, verfluchte Leute! das sind Brunnen ohne Wasser und Wolken, vom Windwirbel umgetrieben, welchen behalten ist ein Dunkel, Finsterniss in Ewigkeit. Denn sie reden stolze Worte, da nichts hinter ist, und verheissen Freiheit, so sie selbst Knechte des Verderbens sind. Denn von welchem Jemand überwunden ist, dess Knecht ist er worden. Und folg.

Ebr. (VIII.) Indem er saget: ein Neuer, machet er das Erste alt; was aber alt und überjähret ist, das ist nahe bei seinem Ende.

(Auch Akt I.) (X.) Denn es ist unmöglich durch Ochsen- und Bocksblut Sünde wegnehmen.

Jac. (IV.) Ihr seid begierig und erlangt damit nichts; ihr hasset und neidet und gewinnet damit nichts; ihr streitet und krieget, und ihr habt nichts.

Offenbar. Joh. Siehe das ganze Kapitel XVIII.

Zum IV. Akt.

Matth. (X.) Siehe, ich sende euch wie Schafe
mitten unter die Wölfe; darum seid klug, wie die
Schlangen, und ohne Falsch wie die Tauben. Hütet
euch aber vor den Menschen; denn sie werden euch
überantworten vor ihre Rathhäuser, und werden euch
geisseln in ihren Schulen. Und man wird euch vor
Fürsten und Könige führen um meinetwillen, zum
Zeugniss über sie und über die Heiden. Und folgende
Verse. —

(Auch Akt V.) (X.) Was ich euch sage in Finsterniss, das
redet im Licht, und was ihr höret in das Ohr, das
predigt auf den Dächern.

(Auch Akt II.) (XIII.) Der aber auf das Steinigte gesäet ist,
der ist's, wenn Jemand das Wort höret und dasselbige bald aufnimmt mit Freuden; aber er hat nicht
Wurzel in ihm, sondern er ist wetterwendisch; wenn
sich Trübsal und Verfolgung erhebet um des Wortes
Willen, so ärgert er sich bald. — Der aber unter
die Dornen gesäet ist, der ist's, wenn Jemand das
Wort höret, und die Sorge dieser Welt und Betrug
des Reichthumes ersticket das Wort, und bringet nicht
Frucht.

(XXIV.) »Sage uns, wann wird das geschehen, und welches wird das Zeichen sein deiner Zukunft und der Welt Ende?« — Jesus: »Sehet zu, dass euch nicht Jemand verführe. Denn es werden viel kommen unter meinem Namen und sagen, ich bin Christus und werden viel verführen. Ihr werdet hören Kriege und Geschrei von Kriegen, sehet zu und erschreckt nicht, das muss zum Ersten alles geschehen, aber es ist noch nicht das Ende da. Denn es wird sich empören ein Volk über das andere, und ein Königreich über das andere, und werden sein Pestilenz und theure Zeit und Erdbeben hin und wieder. Da wird sich allererst die Noth anheben. Folgende Verse.

Denn gleich wie sie waren in den Tagen der Sündfluth, sie assen, sie tranken, freieten und liessen sich freien bis an den Tag, da Noa zu der Archen einging, und sie achtetens nicht, bis die Sündfluth kam und nahm sie Alle dahin, so wird auch sein die Zukunft des Menschen Sohnes.

(XXIV.) 9—12. (Salbung Jesus' durch M. M., 33—34. (Petrus und Jesus.)

Lucas (XXII.). Aber nun, wer einen Beutel hat, der nehme ihn, desselbigen gleichen auch die Taschen. Wer aber nicht hat, verkaufe sein Kleid und kaufe ein Schwert. — Sie aber sprachen: »Herr, siehe hier sind zwei Schwert.« Er aber sprach zu ihnen: »es ist genug.«

Ihr seid als zu einem Mörder mit Schwerten und Stangen ausgegangen; ich bin täglich bei euch im Tempel gewesen und ihr habt keine Hand an mich gelegt, aber dies ist eure Stunde und die Macht der Finsterniss.

Joh. (V.) Ich sage euch, der Sohn kann nichts von ihm selber thun, denn was er sichet den Vater thun; denn was derselbige thut, das thut gleich auch der Sohn.

(XII.) 4 und folg. Jesus' Salbung und Judas.) (XIII. XIV. XV. XVI. XVII. Abendmahl. —)

Ap. Gesch. (I.) Es gebühret euch nicht zu wissen Zeit und Stunde, welche der Vater seiner Macht vorbehalten hat; sondern ihr werdet die Kraft des heiligen Geistes empfangen, welcher auf euch kommen wird, und werdet meine Zeugen sein etc.

(IV.) Die Könige der Erden treten zusammen, und die Fürsten versammeln sich zu Haufe wider den Herrn und wider seinen Christ.

Auch Akt II.) Keiner sage von seinen Gütern, dass sie sein wären, sondern es sei euch Alles gemein.

(Auch Akt III.) Röm. (V.) Wie nun durch Eines Sünde die Verdammniss über alle Menschen gekommen ist, also ist auch durch Eines Gerechtigkeit die Rechtfertigung des Lebens über alle Menschen gekommen.

(VIII.) Derselbige Geist giebt Zeugniss unserem Geist, dass wir Gottes Kinder sind. Sind wir denn Kinder, so sind wir auch Erben, nämlich Gottes Erben und Miterben Christi, so wir anders mit leiden, auf dass wir auch mit zur Herrlichkeit erhoben werden.

Denn welche er zuvor versehen hat, die hat er auch verordnet, dass sie gleich sein sollten dem Ebenbilde seines Sohnes, auf dass derselbige der Erstgeborene sei unter vielen Brüdern.

Cor. (XV.) Ich sterbe täglich. — Lasset uns essen und trinken, denn morgen sind wir todt.

(XV.) Der letzte Feind, der aufgehoben wird, ist der Tod.

(46) Der erste Mensch, Adam, ist gemacht in's natürliche Leben, und der letzte Adam in's geistliche Leben. Aber der geistliche Leib ist nicht der erste, sondern der natürliche, darnach der geistliche.

Der Tod ist verschlungen in den Sieg. Tod, wo ist dein Stachel? Hölle, wo ist dein Sieg? aber der Stachel des Todes ist die Sünde, die Kraft aber der Sünde ist das Gesetz.

I. Thessal. So wird sie das Verderben über-

7

fallen, gleichwie der Schmerz ein schwanger Weib, und werden nicht entfliehen.

II. Thessal. (II.) Und alsdann wird der Boshaftige offenbaret werden, welchen der Herr umbringen wird mit dem Geiste seines Mundes und wird sein ein Ende machen, durch die Erscheinung seiner Zukunft, dess, welches Zukunft geschieht (Auch II.nach der Wirkung des Satans mit allerlei viel-lügenhaftigen Kräften, und Zeichen und Wunleicht dern, und mit allerlei Verführung zur UngeIII.) rechtigkeit unter denen, die verloren werden, dafür, dass sie die Liebe zur Wahrheit nicht haben angenommen, dass sie selig würden. Darum wird ihnen Gott kräftige Irrthümer senden, dass sie glauben der Lügen, auf dass gerichtet werden Alle, die der Wahrheit nicht glauben, sondern haben Lust an der Ungerechtigkeit.

Timoth. (IV.) Der Geist aber saget deutlich, dass in den letzten Zeiten werden Etliche von dem Glauben abtreten und anhangen den verführerischen Geistern und Lehren der Teufel durch die, so in Gleissnerei Lügenredner sind und Brandmal in ihrem Gewissen haben, und verbieten ehelich zu werden, und zu meiden die Speise, die Gott geschaffen hat, zu nehmen mit Danksagung den Gläubigen und denen, die die Wahrheit erkennen, denn alle Creatur Gottes ist gut und nichts verwerflich, das mit Danksagung empfangen wird. U. s. w.

Ebr. (XI.) Es ist aber der Glaube eine gewisse Zuversicht dess, das man hoffet, und nicht zweifeln an dem, das man nicht sichet.

Zum V. Akt.

Matth. (XXVIII.) Darum gehet hin und lehret alle Völker, und taufet sie im Namen des Vaters und des Sohnes und des heiligen Geistes, und lehret sie halten Alles, was ich euch befohlen habe. Und siehe, ich bin bei euch alle Tage bis an der Welt Ende.

Lucas (XXII.) »Bist du Christus? sage es uns!« Jesus: »Sage ich's euch, so glaubet ihr's nicht, frage ich aber, so antwortet ihr nicht und lasst mich doch nicht los; darum von nun an« etc. —

(XXIII.) Ihr Töchter von Jerusalem, weinet nicht über mich, sondern weinet über euch selbst und über eure Kinder. Denn siehe, es wird die Zeit kommen, in welcher man sagen wird: Selig sind die Unfruchtbaren und die Leibe, die nicht geboren haben, und die Brüste, die nicht gesäuget haben. Etc.

Römer (VIII.) »Denn das Gesetz des Geistes, der da lebendig macht in Christo Jesu, hat uns frei gemacht vom Gesetz der Sünden und des Todes.

(Auch Akt IV.) Eph. (VI.) Ziehet an den Harnisch Gottes, dass ihr bestehen könnt gegen die listigen Anläufe des Teufels. Denn wir haben nicht mit Fleisch und Blut zu kämpfen, sondern mit Fürsten und Gewaltigen, nämlich mit den Herren der Welt, die in der Finsterniss dieser Welt herrschen, mit den bösen Geistern unter dem Himmel.